Io Scelgo
la Libertà

Siamo liberi e non lo sappiamo

La vita è la grande avventura

che ci porta a scoprirlo

Frank Metzger

Copyright: 2019 Frank Metzger

ISBN: 978-0-244-45386-2

Prima edizione 1997

Io Scelgo
la Libertà

PROLOGO

E Dio disse: "Facciamo l'uomo a nostra immagine e a nostra somiglianza".....

E Dio vide tutto quello che aveva fatto, ed ecco, era molto buono.[1]

Al di là del dove e del quando, al di là delle domande e delle risposte è l'Uno.

Un'indefinita, illimitata, coscienza di pienezza, la Totalità nell'Unità. Nessun confine, nessuna separazione, solo completezza. Nulla esiste al di là dell'Uno.

Un fremito percorre dolcemente la vastità del Tutto: Dio crea. Dio si manifesta. Egli pensa Sé in espressio-

---

[1] Genesi 1,29 e 31

ne e subito i suoi pensieri prendono forma. Dio crea il mondo.

Ed il mondo comincia ad esistere: Dio si pensa manifestazione, manifestazione che è l'espressione che Dio dà ai propri attributi.

Forse per amore, forse perché esistere equivale a manifestarsi. Fatto sta che l'uomo comincia ad esistere.

Dio pensa l'uomo e questo pensiero prende forma e concretezza. Noi siamo il pensiero di Dio che si è concretizzato.

Le creature, Dio pensato, vivono la loro esistenza in perfetta comunione fra loro (sono la medesima cosa!) e con Dio pensante (sono la medesima cosa!). Esse sono perfettamente consapevoli della loro intima unità col Tutto, del loro essere il Tutto. La nuova condizione di esseri creati, quindi apparentemente "altro" rispetto al Creatore, da loro la possibilità di avere una consapevolezza individuale, di poter gioire del proprio esistere.

La Creazione é Dio che si manifesta. La Creazione è molteplice, infinita nelle sue dimensioni di esistenza, perché infinito è Dio di cui è manifestazione. La Creazione è costantemente in movimento, perché Dio è continua espansione, ininterrotto fluire.

Via via che la Creazione si fa densa, concreta, le risulta sempre più difficile esprimere pienamente l'incontenibile fluire di Dio. In una materia così compressa, l'etericità dello Spirito fatica ad entrare.

Ecco la caduta. C'è chi dice per debolezza, forse per necessità. Forse un passo necessario per rendere le creature più forti e quindi più capaci di esprimere la grandezza degli attributi divini che sono chiamate ad incarnare.

Le creature divengono via via più autonome.

L'aumentata autonomia porta ad un offuscarsi della memoria della propria essenza, alla sensazione di affievolimento del legame tra Dio pensato e Dio pensante, al punto che il Dio pensato si convince che Dio sia solo il Dio pensante e comincia a vedersi come semplice cosa staccata da Dio, in balia a mille pericoli, malattie, nemici, morte.

Ecco comparire la paura ed il desiderio di essere 'come Lui', potenti come Lui, invulnerabili come Lui, anche se contrapposti a Lui, altro da Lui. Proprio questa è la grande illusione: voler diventare come Dio. Questa è la caduta degli angeli, la caduta di Lucifero: voler diventare Dio contrapposti a Dio. Nulla è più improponibile e destinato all'insuccesso. Infatti non possiamo diventare ciò che già siamo! Lucifero era già Dio, l'uomo era già Dio, ma sentendosi separati, invece di riconoscere il legame con la propria Origine, invece di ricordare di 'essere' Lui, hanno cercato di diventare 'come' Lui.

Il serpente era più astuto di tutti gli altri animali selvatici che Dio, il Signore, aveva fatto. Disse alla donna: - Così Dio vi ha detto di non mangiare nessun frutto degli alberi del giardino!

La donna rispose al serpente. - No, noi possiamo mangiare i frutti degli alberi del giardino! Soltanto dell'albero che è in mezzo al giardino Dio ha detto: Non mangiatene il frutto, anzi non toccatelo, altrimenti morirete!

- Non è vero che morirete, - disse il serpente, - anzi, Dio sa bene che se ne mangerete i vostri occhi si apriranno, diventerete come lui: avrete la conoscenza di tutto.

La donna osservò l'albero: i suoi frutti erano certo buoni da mangiare; una delizia per gli occhi, era affascinante per avere quella conoscenza. Allora prese un

frutto e ne mangiò. Lo diede anche a suo
marito ed egli lo mangiò.[2]

Possedere la conoscenza di tutto significa poter
scegliere. Fintantoché sono la manifestazione di Dio,
esprimo la 'sua' essenza. Se mi illudo di potermi porre al di fuori di Lui, posso illudermi di esprimere la
'mia' essenza (il che è tutta un'illusione in quanto
non esiste separazione effettiva tra l'uomo e Dio,
quello che andrò quindi ad esprimere sarà l'essenza
di un Dio che si crede separato da Se stesso). E' questo che l'uomo fa: si crea un mondo a propria immagine. Fintantoché regnava l'unità, tutto 'era davvero
molto bello', come subentra la contrapposizione e
l'uomo si afferma altro da Dio, egli crea un mondo di
separazione, in cui c'è spazio per il giudizio e la critica, la vergogna ed il sarcasmo, la paura e la necessità di difendersi. "I loro occhi si aprirono e si resero
conto di essere nudi. Perciò intrecciarono foglie di fico
intorno ai fianchi".[3]

L'unità è infranta, l'armonia è persa. Se prima di
quel momento le creature vivevano in pace insieme,
"Ora per colpa tua [dell'uomo] la terra sarà maledet-
ta"[4]. Ci saranno lotta, guerra, malattia, fatica, sofferenza, morte.

---

[2]   Gn 3, 1-6
[3]   Gn 3.7
[4]   Gn 3.17

Sentendosi isolata, la creatura, l'uomo, sente il bisogno di proteggersi, di difendersi da chi gli sta attorno e si costruisce delle corazze al fine di trovare un'apparenza di sicurezza.

Questa armatura, se da una parte gli procura un senso di sicurezza, dall'altra lo separa sempre più dal Dio pensante che fluisce libero e leggero, accentuando così il senso del limite.

Tutte le volte che l'uomo vive un'esperienza traumatica e non riesce a superarla, una nuova corazza si aggiunge alle altre.

Certo per proteggerlo, ma inevitabilmente ciò lo rende più duro, più rigido, più freddo, sempre più separato dalla sua essenza di libera espansione.

Più l'armatura si ispessisce, più la vita fatica a fluire in lui.

Ecco le fortificazioni, i baluardi, i castelli, le trincee, le prigioni, che di epoca in epoca gli uomini hanno costruito per difendersi da se stessi. Barriere che altro non sono se non un'espressione delle corazze energetiche di cui il nostro corpo fisico è ricoperto e che ci fanno talvolta sentire tanto pesanti e stanchi.

Ma una nostalgia si fa strada nella profondità della creatura, un richiamo a quella grandezza e libertà che lei sa essere sua e che non riesce a trovare in nessuna delle proprie imprese.

IL BISOGNO DI ESSERE RICONOSCIUTI

Sono nato da pochi giorni, sono così affascinato e contemporaneamente intimidito da tutto ciò che mi circonda.

Durante i mesi di gravidanza sono progressivamente divenuto consapevole di "altro" oltre a me ed a mia madre: suoni, voci, luci, rumori, reazioni apparentemente immotivate di mia mamma. Tutto ciò mi ha persuaso di essere circondato da un mondo indefinito. Questo, comunque, non mi turbava molto, ero al sicuro, avvolto nell'ovattato tepore del ventre materno.

Ora che sono nato, i suoni, le voci, le luci ed i rumori che prima percepivo lontani acquistano un volto, una forza ed una valenza nuovi; tutto ciò che mi circonda cattura la mia attenzione.

Vagamente, nella mia parte più intima, il tenue ricordo di un impegno preso, di un compito da svolve-

re, i volti di amici che hanno assicurato la loro vicinanza ed il loro sostegno.

Sono però così assorto nel comprendere il mondo da non prestare attenzione a questi ricordi, così essi divengono sempre più labili, fino a perdersi nei meandri dell'inconscio. Sono talmente indaffarato: devo imparare a conoscere il corpo che mi contiene, a gestire la sgradevole sensazione del ventre vuoto che mi spinge a piangere, a convivere con il senso di fragilità che un corpicino così piccolo mi procura. Sono talmente assorto dalla ricerca della madre; era così piacevole e sicuro stare nel suo ventre ed ora continuo a cercarla, specie quando il mondo mi pare cattivo e non riesco a comprenderlo, come quando ho freddo, come quando il papà e la mamma litigano, come quando gli altri sembrano non accorgersi dei miei bisogni.

Col passare dei mesi imparo a muovermi in questa dimensione e quello che all'inizio mi sembrava estraneo è ora il mio mondo, è l'orizzonte all'interno del quale la mia vita si svolge. Ci sono ancora cose che non comprendo e che mi incutono timore, ma ci sono anche il cibo, il letto caldo, la casa che mi protegge dalla pioggia e dal vento, l'abbraccio della mamma, le voci dei fratelli, il sorriso degli amici. Questo è ora il mio universo, concreto, tangibile, reale, non c'è più spazio per i sempre più tenui ricordi di altre dimensioni.

16

Il mondo è il mio mondo, esisto perché esiste il mondo, non posso vivere senza di esso, non posso vivere al di fuori di esso e voglio farne parte a pieno titolo.

Presto la mamma smette di allattarmi, quei deliziosi momenti in cui ella si occupava solo di me, tenue ricordo della vita intrauterina durante la quale io e la mamma eravamo completamente fusi, quasi una cosa sola, sono ormai lontani. Sono sempre più solo ad affrontare la vita.

Ma sono deciso a giocare il mio ruolo ed affronto la nuova indipendenza con slancio, voglio essere parte attiva sul palcoscenico della vita.

Una sera, in cui la mamma è particolarmente stanca e mi mette a letto presto, protesto vivacemente, voglio ancora vedere, sperimentare, conoscere, inoltre il comportamento di mamma mi impensierisce e non mi sento tranquillo. La sua reazione aspra al mio ostinato restare sveglio mi inchioda al letto, resto ammutolito dalla paura, forse non sono più degno del suo amore?

Alcuni giorni dopo, a tavola, mi viene presentato un cibo nuovo, i miei genitori sono fieri di vedere il loro figlio crescere ed assaporare nuovi alimenti, ma oggi sono svogliato e poi, dal piatto, giunge un odore che non mi piace, non parliamo poi del sapore alla prima cucchiaiata. Assolutamente mi rifiuto di mangiare.

Mio padre picchia un vigoroso pugno sul tavolo che fa tremare rumorosamente le stoviglie e rovesciare la bottiglia del vino.

"Cosa avrò mai combinato", penso, e la paura di poter essere ancora la causa di tanto rancore fa sì che da allora in poi mangerò sempre tutto ciò che mi verrà offerto e mi guarderà bene dall'esprimere un mio gusto.

* * *

E' naturale, per un bambino, porre il centro della propria esistenza fuori di sé, nella madre prima, nel contesto familiare poi. Senza famiglia non potrebbe vivere, non potrebbe procurarsi del cibo, ripararsi dal freddo, non si sentirebbe amato e desiderato.

Per garantirsi questo è disposto a tutto. Può rinunciare ai propri gusti per assecondare quelli dei genitori ed essere così un "bravo bambino"; può "dare problemi", così almeno si occuperanno di lui; può arrivare ad ammalarsi per attirare su di sé l'attenzione delle persone di riferimento.

Egli vuole esistere, per esistere ha bisogno degli altri e questi, volenti o nolenti, dovranno occuparsi di lui.

Il problema è che le strategie che vengono adottate nell'infanzia permangono anche in età adulta. Quando ormai siamo cresciuti, abbiamo un lavoro, una casa, e potremmo vivere autonomamente, continuiamo a cercare all'esterno il sostegno e le attenzioni che ci servono per vivere.

Il nostro centro rimane allora fuori di noi. Quante volte mi è capitato, dopo aver incontrato persone che mi hanno salutato calorosamente e mi hanno fatto molti complimenti, di ritrovarmi a canticchiare allegramente. Viceversa, se qualcuno fa una osservazione critica nei miei confronti, mi incupisco e tutto si ingrigisce. Il mio centro è fuori di me. Sono gli altri ad influenzare la considerazione che ho di me stesso e quindi la percezione che ho dell'ambiente. Non mi vedo per chi sono, ma per chi gli altri pensano io sia.

Se gioisco per un apprezzamento ricevuto è perché hanno riconosciuto le mie qualità oppure perché mi hanno confermato che, da bravo bambino, mi sono conformato alle aspettative del gruppo?

Questo sforzo per piacere assorbe molte delle mie energie, al punto che io finisco per scomparire. Non indosso gli abiti in cui mi sento comodo, ma quelli che so essere apprezzati dal gruppo; non mi metto a cantare per la strada per esprimere la mia gioia, mi è stato detto che non è bene.

Anna ha 21 anni, si è rivolta a me perché non riesce a vivere le relazioni sessuali serenamente; viene sempre tormentata da forte irrequietezza. Lei vive in una famiglia molto religiosa che considera i rapporti sessuali vissuti al di fuori del matrimonio un grave errore se non addirittura una vergogna. Mi racconta della durezza con cui è stata esclusa dalla vita familiare per più giorni, alcuni anni prima, quando a tavola raccontò di aver avuto un rapporto sessuale. Lei riteneva il fatto molto naturale e rimase duramente colpita nel vedere come nessuno le rivolgesse più la parola per giorni e giorni. Le fu fatto comprendere che aveva deluso le aspettative, che non meritava più la stima e la fiducia che le erano state concesse.

Così Anna, pur di venire riaccolta in seno alla famiglia, prese la decisione inconscia che mai più avrebbe avuto rapporti sessuali ed ora, a distanza di anni, pur considerando la sessualità un aspetto nobile e ricco della relazione di coppia, non riesce più ad abbandonarvisi.

Durante una nostra conversazione avviene infine un fatto che mi impressiona notevolmente: le chiedo: "Chi sei?", con l'intento di accompagnarla più in profondità in sé stessa. La sua risposta, dopo le prime affermazioni più superficiali, è: "Io sono Angela", "Angela chi è?" le domando allora, "Angela è mia madre". Mi descrive anche come, nel suo schermo interiore, vede sé stessa col corpo di sua madre.

Per timore di sentirsi emarginata ha rinunciato a sé per lasciare che fosse sua madre a vivere in lei.

Un inciso: ho detto che la famiglia di Anna è rimasta ferita poiché la ragazza ha, secondo loro, deluso la fiducia accordatale, le aspettative formulate su di lei. La mia domanda è: i suoi familiari la amano per quello che lei è, con una sua propria sensibilità che può differire da quella degli altri membri del nucleo familiare, oppure amano l'immagine di quello che loro pensano una ragazza dovrebbe essere, immagine che su Anna hanno applicato?

Non la accettarono più perché si era scostata dal loro stereotipo di giovane donna; non cercarono minimamente, stando al racconto dell'interessata, di comprendere i suoi sentimenti e le sue motivazioni.

Il caso di Anna è abbastanza estremo, ma tutti noi, chi più e chi meno, poniamo il nostro centro all'esterno di noi, al punto che a volte "non siamo noi che viviamo, ma sono gli altri che vivono attraverso di noi".

L'atteggiamento di rinunciare a sé stessi per conformarsi a quello che gli altri si attendono da noi può protrarsi per anni ed anni, a volte per la vita intera. Si potrebbe dire che ancora non ci emancipiamo alla vita adulta, non cominciamo ancora ad esistere come esseri autonomi.

Questa situazione non è quella ottimale e nel nostro intimo ne siamo perfettamente consapevoli. Per questo a volte percepiamo un profondo malessere, la vita ci va stretta e cresce in noi un impellente bisogno di rivolta o di fuga.

L'ILLUSIONE DELLA LIBERTÀ

Una valle sperduta tra i monti ad oltre 2000 metri di quota, un'unica strada sterrata che costeggia due laghi prima di arrivare fin qui. Oltrepassato un ghiaione, una distesa di prati e boscaglia di pini mughi che a stento raggiungono i tre, quattro metri di altezza. Lontani, quasi dimenticati, sono i rumori della città, i duri angoli degli edifici squadrati.

In una radura dei ragazzi indaffarati attorno ad una tenda, non lontano, in altre radure, altre tende ed altri ragazzi. Un campo scout, nel mese di agosto.

Parte della giornata è trascorsa nell'assolvimento di mansioni necessarie alla vita quotidiana: raccogliere legna secca nel bosco, lavare le pentole al torrente, andare fino alla sorgente distante un migliaio di metri per approvvigionarsi di acqua potabile. Poi finalmente un paio d'ore per giocare liberamente.

Alcuni si raggruppano per giocare insieme, altri quattro vanno ad esplorare una zona della valle non ancora visitata. Dal greto del torrente si odono le voci di tre amici che tirano sassi nell'acqua.

Seduto al bordo di un piccolo canalone, io me ne sto tutto solo: non amo unirmi ai compagni. Durante le attività lo faccio, ma appena posso preferisco starmene in disparte. Me ne sto seduto intagliando un pezzo di legno assorto nei miei pensieri.

A sera i responsabili del gruppo mi chiamano e mi domandano preoccupati: "Frank, ti abbiamo notato oggi: te ne stavi in disparte mentre tutti gli altri giocavano insieme. C'è qualche cosa che non va?". Resto sorpreso da questa domanda. "Assolutamente nessun problema" rispondo "solo che amo stare da solo. Sto così bene nel silenzio in compagnia dei miei pensieri."

* * *

In sella alla mia Harley Davidson sto tornando a casa da scuola. Frequento la terza liceo. Sono contento che la lezione sia finita. La mattinata è stata proprio pesante. Il professore di lettere, verso cui nutro una profonda soggezione, mi ha richiamato. Proprio non bastava la tensione che avevo percepito in casa la sera precedente allorquando mio padre comunicò la sua decisione di abbandonare la famiglia.

Da un punto, lungo il percorso dalla scuola a casa, si gode una suggestiva visione panoramica delle montagne che circondano la zona. Accosto, spengo il motore, mi tolgo il casco e contemplo le montagne: "Come sarebbe bello vivere da vagabondo-eremita-pellegrino, portando sulle spalle tutto ciò che possiedo: una coperta, un coltello e pochissime altre cose. Vagabondare di monte in monte, badando bene ad evitare l'incontro con altri esseri umani. Potrebbe capitarmi occasionalmente di imbattermi in qualcuno, ma nessun legame affettivo potrebbe turbare la mia pace interiore o limitare la mia libertà."

Sono affascinato da questo sogno ad occhi aperti, tanto è vero che non è la prima volta che fantastico avventure simili, sogni che subito svaniscono al pensiero di come sarebbe duro quel genere di vita al sopraggiungere dell'inverno. Così accantono la fantasia, mi infilo nuovamente il casco e torno ad affrontare il mio mondo.

*   *   *

Sono trascorsi più di quindici anni dai tempi del liceo. sono sposato e la vita coniugale è una magnifica avventura che offre continue opportunità di crescita.

Mia moglie ed io amiamo molto parlare tra noi e scambiarci le nostre riflessioni, la nostra relazione è molto profonda e stimolante per entrambi.

Siamo in vacanza con i numerosi figli e questa mattina stiamo parlando, ancora in pigiama, confrontandoci su tematiche che ci coinvolgono profondamente. Le parole partono dal profondo, sono cariche dello slancio, della passione, della forza che hanno le idee su cui si costruisce la propria vita.

La conversazione è molto serena, ma piena di partecipazione: due anime, cariche di passione, slanci, aspirazioni, timori, titubanze, si confrontano.

Una delle cose che maggiormente mi addolora è non riuscire ad intendermi con mia moglie. Nelle parole che pronuncio è contenuta la mia vita e se lei non comprende ciò che mi sforzo di comunicarle, allora penso non comprenda neppure il senso della mia esistenza. A sua volta Adriana, giustamente, non è disposta ad accettare argomentazioni che percepisce estranee a sé stessa.

Il mio sguardo cade sul disegno stampato sul pigiama di Adriana: un biplano che si libra nel cielo. L'immagine suscita in me un pensiero fulmineo: "Che *bello sarebbe poter volare, volteggiare leggero tra candide nuvole vaporose e caldi raggi di sole, lontano dalla terra con i suoi condizionamenti, la sua pesantezza, gli attriti. Libero di spaziare verso orizzonti senza confini".*

* * *

Il bisogno di ricevere l'approvazione dal contesto in cui ci troviamo a vivere ci spinge ad adeguarci alle aspettative degli altri e la nostra capacità di conformarci agli schemi altrui diviene la fonte del nostro sentirci a posto. Ciò avviene al punto che è sufficiente che qualcuno ci dica: "Come sei sciupato, mi sembri invecchiato" ed ecco che la giornata comincerà ad apparirci grigia e priva di stimoli piacevoli, viceversa se veniamo salutati così: "Carissimo! Come ti trovo bene, sei l'incarnazione della salute e della felicità", ecco che la nostra giornata si illumina. Siamo stati accettati. I nostri sforzi per piacere hanno dato i frutti sperati.

Questo continuo sforzo per uniformarci ai desideri altrui ha comunque un costo notevole. In realtà si tratta di una prostituzione: per acquisire l'approvazione che reputo indispensabile per la mia sopravvivenza (come effettivamente era quando ero neonato) rinuncio a me stesso.

Il rinunciare a se stessi costituisce un grande danno per il singolo e la collettività. Ogni uomo ha un proprio canto ed è importante che lo esprima pienamente. Diversamente il mondo resterebbe impoverito, gli mancherebbe la voce unica che solo quella persona porta in sé.

Tante volte si preferisce che tutti si conformino agli schemi, così che gli stessi non debbano essere messi in discussione.

Ad Anna, la giovane donna che si rivolse a me per le sue difficoltà nel vivere la sessualità, chiesi perché i suoi genitori, ed in particolare la madre, avessero accolto così duramente la notizia del suo primo rapporto sessuale. La risposta, data in un momento di profonda introspezione, fu che loro non potevano accettare che lei avesse vissuto la sessualità al di fuori del matrimonio in quanto questa era stata una regola pesantemente presente nella loro giovinezza e riconoscere la liceità di un comportamento diverso avrebbe rovesciato uno dei pilastri a cui si erano faticosamente aggrappati e che dava loro la possibilità di considerarsi bravi cristiani. Questo avrebbe portato inevitabilmente un turbamento.

Interiormente preme il desiderio, la necessità, di essere più onesti con sé stessi, di esprimere chi realmente si è e questo è importante sia per il singolo, per la sua crescita personale, sia per la collettività.

Come ho già detto ogni uomo ha un proprio canto ed è stolto cercare di rivivere la vita di chiunque. Qualunque persona noi possiamo prendere a modello, egli è già esistito, cosa può portare al mondo il ripresentarsi di un altro lui? E' importante cogliere gli stimoli che altre persone possono offrirci, ma è fondamentale che io scopra il mio proprio canto e che lo offra al mondo per arricchirlo ulteriormente.

Questo cammino verso la libertà di esistere è comunque talvolta arduo e possiamo intraprendere vicoli ciechi, possiamo adottare comportamenti che paiono libertà, ma nascondono paura.

Uno di questi vicoli ciechi è l'indipendenza, il convincerci che non abbiamo bisogno di nessuno, che è meglio non dover chiedere mai, che da soli si sta molto meglio. Sono libero, infatti non dipendo da nessuno.

Questa è in realtà una finta libertà. Ricorda molto la fiaba di Esopo che racconta della volpe che, visto un succoso grappolo di uva matura pendere da un alto tralcio di vite, salta e salta ancora nel tentativo di afferrarlo coi denti; non riuscendoci, ormai esausta ed

ancor più assetata, si allontana cercando di consolar-
si convincendosi che l'uva non era poi così succosa,
anzi, a ben vedere, sembrava proprio acerba. Meglio
evitare di mangiarla per non rischiare di trovarsi il
suo aspro sapore in bocca.

Se guardiamo onestamente alle cause di questo atteggiamento di indipendenza, scopriamo che esse
non si trovano nell'aver raggiunto la pienezza, bensì
nel timore di avvicinare gli altri, nella paura di venire
rifiutati. Se sono autosufficiente non devo chiedere,
se non chiedo non rischio di venire respinto. Non si
tratta di libertà, ma di rinuncia.

Non mi rivolgo all'altro per chiedere, ma neppure
per offrirgli il mio canto, convinto che probabilmente
a lui non interessa e me ne resto così in disparte, non
mi "gioco" completamente, non metto a frutto i miei
talenti. Tutto ciò, ripeto, non per egoismo, ma perché
sicuro che non sarebbero apprezzati se offerti.

Le relazioni interpersonali sono un'ottima occasione per affrontare le proprie difficoltà. Se non c'è inte-
sa con alcuni, parte della responsabilità è sicuramente mia: fino a che punto riesco ad ascoltare l'altro?
Fino a che punto credo in quello che affermo? Fino a
che punto so amare l'altro anche se non ne condivido
le opinioni?

Scappare significa evitare la difficoltà di rispondere a questi interrogativi, significa anche perdere un'importante occasione di maturazione.

Nulla avviene per caso e le persone che incontro hanno tutte un dono per me, sono portatrici di un insegnamento prezioso.

Ogni volto che incontro mi sta mostrando una parte di me stesso. Se con alcuni mi trovo perfettamente a mio agio, non è perché sono migliori di altri, bensì perché in loro riconosco una parte di me che apprezzo; analogamente, se alcune persone mi innervosiscono, mi irritano, se cerco di evitarle, è perché mi ricordano un aspetto della mia personalità che non riesco ad abbracciare. Chiudendomi a costoro, mi chiudo ad una parte di me stesso.

Rifiutandomi di riconoscere tutte le componenti della mia personalità non posso amarmi completamente, non vedendo le parti che considero oscure di me, finisco col non essere consapevole neppure degli aspetti più luminosi della mia persona.

Se una persona mi indispone, la domanda che dovrei pormi è: qual'è la parte di me che non riesco ad accettare e che mi viene mostrata? Forse vedo in essa il mio bambino arrabbiato, ferito sofferente, il mio bambino impaurito, che si aggrappa agli altri in un disperato tentativo di ricevere conforto, il mio bambino prepotente, aggressivo, che cerca con la forza di ottenere quello spazio che pensa di dover conquistare coi denti.

Se avrò il coraggio di accettare la provocazione offertami e mi prenderò cura della mia parte ferita, riuscirò a vedere la stessa persona che ora mi indispone con occhi nuovi: non la percepirò più come una minaccia, bensì come un compagno di strada che si sta difendendo come può dal sentire l'angoscia che alberga nel suo profondo.

Allora potrò rapportarmi a lui con una nuova libertà; potrò dirgli il mio "no" quando cercherà di riversare su di me le sue dinamiche difensive, ma non sarà più un no di fuga, bensì un non prestarsi più ad un gioco di ruoli che si ha ormai compreso ed in parte superato e che, comunque, sottintende un riconoscimento completo della dignità della persona.

* * *

Un altro vicolo cieco è la rivolta. "Io sono libero!", "Non me ne frega niente dei vostri giudizi!", "Vomito le origini!".[1]

Questa rivolta è una ribellione agli schemi che vengono proposti (a volte imposti), una reazione dura per rivendicare un'autonomia.

Il mio sospetto è che questa aspra affermazione di libertà nasconda una profonda incertezza. Gandhi affermava che la verità non ha bisogno di essere urlata, la verità si fa strada da sola. Se sono veramente persuaso di essere libero da condizionamenti, non ho bisogno di gridarlo, lo so. Indipendentemente da quello che gli altri possono pensare, io sono fermo nella mia convinzione, so che è la via che voglio percorrere e niente può impedirmelo, semplicemente mi conformo al mio pensiero. Se ho bisogno di picchiare i pugni, chi sto cercando di convincere del mio essere libero? Gli altri o piuttosto me stesso?

Più un individuo si comporta in modo arrogante, prepotente, umiliante, maggiore è il suo timore di non essere un individuo speciale ed il terrore di dover affrontare il senso del proprio limite che lo spinge ad indossare la maschera del "duro". Pure questa è una difesa ed è importante riconoscerla per poter così guardarle dietro ed affrontare la paura che lì si annida.

Se un uomo si comporta in modo sprezzante nei riguardi della sua compagna, se non perde occasione per umiliarla, se non la ritiene capace di iniziativa personale, non mostra certo di essere libero, viceversa è probabilmente guidato da risentimento inconscio verso la figura femminile che serba in sé, oppure dal timore che, riconoscendo la dignità della donna, inevitabilmente metterebbe in evidenza la fragilità di lui uomo, debolezza che sospetta vagamente, ma che ha paura di riconoscere.

* * *

Se quelle sinora descritte sono illusioni di libertà, dove questa può essere trovata?

La via per la libertà è il portare il centro dentro di sé, ciò significa apprezzarsi per quello che si sa di valere e non per come ci giudicano, significa aver scavato così in profondità in sé stessi da aver trovato l'intima bellezza e perfezione della propria persona.

La difficoltà, in questo percorso, è comprendere qual è il proprio centro, capire quale delle molteplici voci che si alternano nel nostro intimo pronuncia le parole provenienti dalla nostra essenza.

Ricordo quando, sedicenne, iniziai a fumare. Il tenere tra le mani una sigaretta mi dava sicurezza ed un senso di libertà: "Ho deciso di fumare e fumo!" L'illusione crollò miseramente quando decisi di smettere. Quante volte, la sera, mi coricavo col mal di testa per l'eccessivo fumare, con la determinazione che la sigaretta appena spenta sarebbe stata l'ultima della mia vita, solo per accorgermi, appena sveglio la mattina, di aver già acceso la prima della nuova giornata. Mi ci vollero parecchie settimane di continui tentativi per riuscire a smettere definitivamente e questa fu un'ottima opportunità per scoprire che in noi vivono varie "voci", per esempio la voce del timore di non essere all'altezza, che cerca nella sigaretta un'apparenza di disinvoltura che in realtà manca, oppure la voce del rancore verso l'autorità, che cerca nel fumare un'opportunità per mostrare quella che è solo un'illusione di superiorità verso le raccomandazioni dei "grandi", oppure è la voce del nostro corpo che ci chiede di non avvelenarlo più, oppure è la voce del bambino interiore intimorito, che ci consiglia di smettere per mostrare che bravi bimbi sappiamo essere, oppure la voce che tenta di convincerci che valiamo moltissimo per quello che siamo e che non abbiamo nessun bisogno di nasconderci dietro ad un tubetto di carta pieno di tabacco per sembrare migliori.

E' difficile distinguere tra tante voci, tanto più che spesso non siamo neppure consapevoli di tanta molteplicità di aspetti al nostro interno.

Marcello è un giovane uomo pieno di forza ed energia. Ha cominciato presto a bere sconsideratamente. Conduce una vita molto attiva: otto mesi all'anno è in viaggio per il mondo per lavoro. Durante questi spostamenti di giorno lavora e di notte raramente riposa: nightclub, alcool e donne.

A cinquant'anni beve un litro di whisky al giorno più vino e cognac, fuma quotidianamente una quarantina di sigarette.

Dopo due relazioni matrimoniali concluse con la separazione resta solo, non riesce a stare senza musica ad alto volume ed una sigaretta in mano.

Il terrore di affrontare l'antico dolore che si porta in grembo lo spinge a "riempirsi" sempre più: musica, alcool, sigarette. Ma il corpo non regge più: allucinazioni, una mania di onnipotenza (per contrastare l'angoscia del vuoto che vagamente percepisce nel suo intimo), poi un tumore in bocca. Quest'ultimo viene curato, ma lo stato maniacale persiste. La circolazione periferica dà segni di cedimento, fa sempre più fatica a reggere l'alcool che lo porta più volte in condizioni di acuto malessere.

Di fronte ad una situazione così problematica la soluzione trovata da Marcello è dare ascolto alla rassicurante voce interiore che lo convince della sua perfetta condizione psicofisica: lui gode della salute e dell'energia di un ventenne, i disturbi di cui soffre sono lievi e transitori, senza ombra di dubbio vivrà ancora almeno trent'anni, anzi cinquanta.

Non è certo questa la voce del suo centro, ma è la voce della paura di affrontare la realtà, il dolore ed il vuoto interiori.

Portare il centro dentro di sé. Non lasciare che siano gli altri a vivere in noi, non lasciare neppure che siano le varie "vocine" a manovrare il timone della nostra esistenza, ma far si che ad esprimersi sia il nostro centro.

Molte volte però questo centro è sepolto da strati e strati di paure, difese, dolori, preconcetti, schemi, così da non poterlo facilmente contattare. Si rende necessario quindi un profondo lavoro di liberazione della persona. Percepire l'esistenza di questi molteplici involucri che ci circondano, analizzarli, per poi finalmente liberarcene e liberare così il nostro proprio canto, la nostra propria danza.

Quando agiamo, reagiamo ad uno stimolo, ci relazioniamo, chi guida i nostri gesti? Chi formula i nostri pensieri? Forse il bambino arrabbiato che si nasconde in noi, forse il dolore di una lontana sconfitta ormai dimenticata da lungo tempo, ma assai vivo nel nostro inconscio, o forse l'angoscia di chi ha perso il contatto con le proprie origini remote, col proprio creatore, e non trova più un senso per il proprio esistere.

Due persone passeggiano nel bosco quando è già buio: sentono un rumore. Una delle due, molto sicura di sé, che si trova bene nella propria vita, persuasa di avere un ruolo e di svolgerlo egregiamente, sentendo il rumore non si scompone, presta attenzione, nient'altro fa pensare ad un pericolo: probabilmente si trattava di un ghiro.

L'altro individuo, che ha una cattiva opinione di sé, che non ha pace nel cuore e proietta all'esterno le proprie paure, interpreta il rumore come prodotto da un malintenzionato nascosto nel buio che aspetta il momento opportuno per aggredire.

Tale visione diviene la sua realtà, comincia a sudare freddo, a sentire il morso della paura, il respiro si fa affannoso, scruta ansioso le ombre del bosco e non riesce più a cogliere tutti gli aspetti piacevoli che la passeggiata offre.

Ecco come l'ambiente si conforma alla sua aspettativa (anche se inconscia). Al suo ritorno a casa penserà che la sua visione pessimistica della vita è giustificata, prova ne è che, la volta in cui si è arrischiato ad uscire nel bosco la sera, solo per miracolo non è stato aggredito.

Vediamo il mondo attraverso gli occhiali dei molti condizionamenti cui siamo soggetti: influenze della cultura, dell'educazione, delle nostre convinzioni, dei nostri schemi, delle nostre difese e così modelliamo una realtà a nostra misura.

A questo va aggiunto che qualunque cosa ci aspettiamo tenderà a realizzarsi. Alimentando le nostre aspettative con l'energia del nostro pensiero, sia che queste siano desiderate o temute, diamo loro la possibilità di concretizzarsi.

Non solo vediamo il mondo come ce lo raffiguriamo, esso si conforma alle nostre aspettative.

I problemi che affliggono la nostra vita non provengono dall'esterno, sono originati dalle nostre paure, da noi: siamo cocreatori della nostra vita.

Man mano che impariamo a riconoscere le "voci" periferiche, ci riesce più semplice contattare il nostro centro, più lo riconosciamo e con esso ci identifichiamo, più facilmente possiamo liberarci dei vari involucri che ci ricoprono e proteggono. Abbiamo trovato chi siamo e non abbiamo più bisogno di aggrapparci alle illusioni.

* * *

Solo riconoscendo la nostra vera identità possiamo lasciare andare la paura e quindi risolvere i nostri problemi.

Durante una meditazione ho fatto questa esperienza: passando in rassegna il mio corpo, divenivano evidenti parti di corazza, le lasciavo andare permettendo al mio corpo di divenire più luminoso. In alcuni punti la membrana che fungeva da confine tra me e l'esterno pareva divenire finissima ed ero convinto che se si fosse dissolta sarebbe rimasta la mia luminosità senza più condizionamenti.

Nell'area dello stomaco percepivo una resistenza, come uno scudo sull'addome che rendeva pesante ed oscura quella parte del tronco. Si trattava di paura e rabbia che si erano addensati al fine di proteggermi. Mi fu allora chiara l'illusorietà del gesto: mentre la parte luminosa di me era invulnerabile, in quanto nulla può nuocere a pura luce, la zona che più conteneva paura, essendosi cristallizzata, offriva resistenza ad un eventuale colpo.

Il proteggersi rende vulnerabili, l'aprirsi completamente ci porta in una condizione ove i pericoli e la paura non hanno più alcun senso.

Ciò che ci spinge a difenderci è l'identificarci con la nostra personalità, con l'io che si sente separato dal

Tutto. Ecco allora la necessità di abbandonare l'io, la personalità, e lasciare campo libero al vero Io.

LA MALATTIA

Verso sera, dopo il tramonto del sole, la gente portò a Gesù tutti quelli che erano malati e posseduti dal demonio. Tutti gli abitanti della città si erano radunati davanti alla porta della casa.[5]

E' ormai una settimana che soffro per un dolore alla spalla sinistra, un dolore profondo che si sposta dalla spalla al fianco, al lato sinistro della schiena, al lato sinistro del torace.

Da tempo ormai sono persuaso che la malattia non è frutto del caso, ma un insegnante latore di un importante messaggio.

Ho compiuto 35 anni e comincio ad accogliere le situazioni della vita come opportunità preziose di ap-

---

[5] Mc 1,32-33

prendimento in vista di una sempre più profonda liberazione. Durante le scorse giornate ho dialogato molto con il dolore che mi accompagna fedele. Ho compreso molte cose, ora mi è chiaro come al mio interno si è compiuta negli anni una lotta viscerale ed una parte di me, la mia parte femminile, ne è uscita distrutta, mentre il mio lato maschile è abbruttito dai sensi di colpa.

Ogni volta che mi metto in ascolto del messaggio portato dal dolore, quest'ultimo aumenta, cerco di rilassarmi, di rilassare soprattutto la parte interessata, così da lasciare spazio all'insegnamento che vi è contenuto.

Un'ulteriore ondata di dolore ed ecco che un profondo senso di colpa turba il mio animo. Voci si susseguono al mio interno: "Non c'è più posto per te nel mondo!", "Non ti resta altro che sparire!". Il dolore aumenta, cerco di rilassarmi ancora, mi accorgo di quanto il braccio sinistro si sia fatto pesante, al punto di dare l'impressione di non poter essere mosso e domando all'arto il perché di tutto ciò, la risposta giunge prontamente: "Non hai più diritto di esistere, non hai più il diritto di mostrarti. Non ti resta che sparire nell'oblio".

Non mi arrendo a queste voci, faccio appello alla parte più profonda di me, chiamo in soccorso tutta la Luce che sono in grado di ricevere ed ecco la verità emergere chiara: "Io sono un essere di Luce, io sono l'espressione di Dio". Pronunciando queste parole, alzo lentamente e con solennità il braccio dolente, rivendico il mio innato diritto di esistere al di la delle voci che mi suggeriscono che mostrarsi, esistere, è pericoloso; al di la dei sensi di colpa che albergano in me e che sino ad ora hanno limitato la mia capacità di espressione.

Ecco che la sofferenza si attenua sensibilmente ed un senso di pace si diffonde in me. Dopo pochi secondi un'altra ondata di triste pesantezza al lato sinistro: "Non meriti niente! Sei una vergogna, non ti resta che sparire!".

Sono sempre più ancorato alla mia verità e rispondo a queste voci: "Non ho più bisogno di voi, vi sono grato per come mi avete protetto in tutti questi anni durante i quali, per evitarmi la sofferenza di non essere compreso, mi avete impedito di esprimermi, di giocarmi totalmente. Ora scelgo la libertà, scelgo di esprimermi completamente, di abbracciare senza timore ogni parte di me, sia quelle forti che quelle fragili, senza vergogna. Ora so di poter esistere fieramente". Il dolore lascia il posto ad una pace sempre più profonda.

Ma ecco ancora tornare l'energia che blocca, percepisco tensione alla bocca e mi metto in ascolto. "Non dire queste cose, è pericoloso. Non esporti! Sei

insignificante e non hai nulla da dire che possa inte-
ressare a qualcuno". La reazione giunge immediata
dal mio profondo, calma e forte, attraverso una boc-
ca irrigidita che tende a storpiare le parole: "Io sono
un essere di Luce, io decido di esistere. Non ho biso-
gno di urlare la mia rivolta o di piangere la mia dispe-
razione, semplicemente, con fermezza, proclamo la
mia decisione di esistere: Scelgo la vita e rinuncio
alla paura".

Sto ancora pronunciando le ultime parole che il do-
lore svanisce, si dissolve; una pienezza mai provata
prima mi colma di forza. Mi sento collegato con l'uni-
verso intero e percepisco la vita scorrere copiosa in
me. E' questo un momento di grazia.

* * *

"I dottori ci hanno quasi scombussolati... Io
mangio troppo: soffro di indigestione, vado
da un medico, sono guarito. Mangio troppo
di nuovo, di nuovo prendo le pillole... Il medico è intervenuto e mi ha aiutato a viziar-
mi.

Certo con questo il mio corpo si è sentito
più a suo agio: però la mia mente si è inde-

bolita... Mi sono viziato, prendo una malattia, il medico mi guarisce: è probabile che ricadrò nel vizio... Gli ospedali sono delle istituzioni per propagare il peccato."[5]

Questa affermazione di Gandhi è certo molto forte ed estrema, ma mette in evidenza ciò che ho sempre considerato un limite dell'approccio alla malattia di una parte della medicina occidentale: curare la malattia senza dare molta importanza alle cause della stessa.

Non credo proprio nell'esistenza del "caso". Nulla avviene senza un motivo ed un insegnamento per noi. Questo vale anche per la malattia. Essa ci avvisa che qualche cosa in noi non "quadra".

Se mettiamo una mano sul fuoco, il dolore ci avvisa del pericolo e la allontaniamo. Non è il dolore a costituire il pericolo, bensì la fiamma; non malediciamo il dolore, esso ci ha permesso di evitare il peggio. Lo stesso vale per la malattia: la sofferenza ci comunica che in qualche aspetto della nostra esistenza c'è qualche cosa che ancora non abbiamo compreso.

La malattia è un dono, un amico che ci richiama all'impegno, ci dice: "Caro Frank, ti ricordo che è giunta l'ora per te di affrontare questo aspetto che si-

---

[6] Hind Swaraj 1946, Libreria editrice fiorentina, p.15,16

nora hai trascurato, c'è una parte di te ancora rigida, in cui la vita non fluisce liberamente".

Posso sforzarmi di zittire questa voce che mi parla ed essa non avrà altra possibilità che chiamare più forte ed il lieve disturbo diverrà malattia, fino al punto in cui il mio corpo non sarà più in grado di servirmi e così lo lascerò per poi tornare in uno nuovo e riaffrontare la questione non risolta.

Oppure posso ascoltare tale voce e mettermi in discussione, cambiare atteggiamento: a questo punto la malattia non ha più motivo di restare e svanisce.

Come ci racconta il brano evangelico di Marco, è la malattia che ci spinge ad uscire dalle nostre case, dalla nostra quotidianità, per affrontare la sera, l'incognito, l'incerto, alla ricerca di una risposta nuova. Questo vale sia per i malati, stanchi di soffrire, sia per quanti vivono loro accanto e che dalla malattia dei loro cari sono interrogati

Anche il concetto di guarigione subisce inevitabilmente delle modifiche. La vera guarigione non è l'eliminazione della malattia, bensì la comprensione della lezione che essa porta in dono.

Posso essere affetto da tumore e farmi curare, il tumore viene asportato o distrutto, posso dirmi guarito? Secondo me, no. Forse per quel cancro non morirò più, ma che giovamento ne traggo se non imparo nulla sul disagio profondo che ha portato al tumore?

Viceversa, se questa esperienza dolorosa mi spinge a verificare in cosa mi sono bloccato impedendo il fluire della vita, ad analizzare cosa ho contratto in me fino a causarne l'inaridimento, e decido di modificare atteggiamento, allora sì che posso dirmi guarito. Guarito anche se il mio corpo è ormai così martoriato da non potermi più servire e da doverlo abbandonare.

Muoio, ma muoio guarito; questa esperienza è stata fruttuosa.

Molti medici sono sicuramente mossi da sincero desiderio di servizio e penso che il loro intervento sia preziosissimo. Spesso, però, tale intervento non è sufficiente a curare una persona, in quanto essa va molto oltre il solo corpo fisico e proprio lì, nell'oltre, si trovano le reali cause della malattia.

La malattia non è un nemico da combattere, bensì una voce da ascoltare, con cui entrare in dialogo per poter ricevere il dono che ci sta offrendo.

* * *

La malattia va quindi vista come un conflitto interno alla persona: antiche ferite relegate in angoli oscuri dell'inconscio, aspetti della personalità considerati brutti che non vengono accettati, anzi esorcizzati, negati, colpevolizzati, sensi di colpa profondi, a volte antichissimi, di cui a fatica si riesce a trovare l'origine, che appesantiscono la persona: aspetti che premono per essere abbracciati e curati. Solo portando pace al proprio interno possiamo trovare una via di uscita a questa situazione.

Quanto avviene a livello personale, accade anche a livello collettivo: le lotte sociali, gli sfruttamenti, la violenza, la guerra, sono proiezioni all'esterno di conflitti interiori.

La guerra non è frutto del caso, della cattiveria di pochi, del capriccio di un capo politico; la guerra è l'esteriorizzazione di forze che albergano in noi: la non accettazione, il non riconoscere la dignità di tutto, il cercare sempre di riversare su altri la responsabilità delle nostre difficoltà.

Queste forze si possono chiamare anche sete di potere, sete di ricchezza, superbia, ecc. Se l'Italia ha partecipato alla seconda guerra mondiale non è per un capriccio di Mussolini, lui non era altro che l'espressione della superbia dei tanti che ritenevano il popolo italiano migliore di altri.

La sete di potere, di ricchezza, la superbia, l'egoismo, sono forze che chiunque può alimentare se esprime azioni, parole, od anche solo se formula pensieri, ispirati ad esse.

La risposta alla guerra si trova quindi nel portare riconciliazione tra le varie parti di noi e nel vivere quegli atteggiamenti che non la nutrono: la condivisione, il riconoscimento della dignità altrui, la semplicità di vita, ecc.

Tutto il male che evidenziamo fuori di noi e che forse ci sforziamo di contrastare è esattamente dentro di noi.

Il passo più importante e significativo per la realizzazione della pace è il riconciliarci con noi stessi, accettando di vedere la parte di noi che è furente e desiderosa di vendetta, la parte di noi che ha paura e che per sentirsi al sicuro cerca di dominare ed umiliare gli altri. Occorre guardare a questi aspetti di noi stessi, non per distruggerli, ma per portarvi pace.

Ricordo di aver letto una riflessione di questo tipo:

Quando ero giovane volevo cambiare il mondo;

quando ero maturo mi pareva soddisfacente riuscire a cambiare le persone attorno a me;

ora che sono vecchio mi riterrei contento se riuscissi almeno a cambiare me stesso.

Sanare me stesso, visto non come contentino per chi non riesce a fare di più, bensì come massimo obiettivo a cui aspirare, prima responsabilità e compito di ognuno di noi. Traguardo che, nella misura in cui verrà realizzato, porterà la pace nel mondo.

Ricordo una sera in cui ero stato invitato a parlare della mia esperienza di vita in una comunità di obiettori di coscienza, persone che quotidianamente vivono e si confrontano con il dono di sé, la nonviolenza, la soluzione nonviolenta dei conflitti, il rispetto dell'avversario, ecc.

Venni a sapere che, alcuni mesi prima, vi era stata una rissa violenta tra questi ragazzi ed i giovani avventori del bar posto di fronte alla loro abitazione per via di un'automobile parcheggiata malamente.

Il parcheggio dell'auto è un fatto talmente banale che la rissa scaturitane parrebbe proprio una conseguenza tremendamente sproporzionata. Non così se vediamo il parcheggio come elemento scatenante, scintilla che ha creato l'occasione affinché l'odio ed il risentimento che i giovani tenevano sepolti in sé si potessero esprimere.

Questi ragazzi, come quasi tutti noi, tengono sepolta nell'intimo un'aggressività inconfessata; quando l'occasione si è presentata, essa è emersa. Non era per via del parcheggio, qualunque altro pretesto sarebbe stato buono per dare sfogo alla pressione esercitata dalla frustrazione repressa.

Così la guerra, le rapine, gli stupri, ecc., altro non sono che la manifestazione dell'aggressività e del disprezzo che serbiamo in noi stessi.

Se vogliamo essere veri operatori di pace, primo e più efficace obiettivo che dobbiamo porci è portare la pace in noi stessi.

Ogni aggressività, anche se non manifestata, va ad alimentare il pensiero di aggressività e questo, prima o poi, prenderà forma da qualche parte nel mondo.

Ognuno di noi è quindi responsabile delle guerre e delle ingiustizie di cui la terra è palcoscenico, nella misura in cui alimenta il pensiero di violenza con l'aggressività che custodisce nel cuore.

Da dove proviene tutto questo astio che mi inaridisce? Da dove traggono origine la sete di potere, di ricchezza, l'orgoglio, il disprezzo? Dalla paura.

Se sento la necessità di dominare gli altri è perché, segretamente, nutro il timore di non essere abbastanza forte per non venire manipolato e dominato, se sento il bisogno di picchiare i pugni è perché intimamente non sono sicuro del mio valore.

Ogni atto di ostilità costituisce una strategia che inconsciamente adoperiamo per compensare il disagio prodotto dalle paure che tutti noi segretamente custodiamo.

Non vi è più nulla contro cui combattere, non c'è un male da contrastare; ci sono solamente ferite, in tutti noi, che ci spingono a difenderci. La soluzione alla guerra è guardare a noi con amore e prenderci cura di queste ferite per poi accorgerci di non aver più bisogno di difenderci.

Tra le cause del comportamento ostile vorrei ora sottolineare il bisogno psicologico del nemico.

Se c'è un nemico, su di lui posso scaricare la responsabilità dei miei problemi: eliminando lui non avrò più preoccupazioni. Oggi, per esempio, si sente dire: se mancano posti di lavoro è colpa degli extracomunitari, sempre loro sono la causa della carenza degli alloggi, del diffondersi di malattie come la tubercolosi e l'AIDS, dello spaccio della droga, della malvivenza generalizzata, della prostituzione, ecc. Il messaggio implicito in queste affermazioni è: noi siamo bravi, il male viene dagli altri, scacciamo gli stranieri e vivremo in paradiso!

Ecco un tentativo inconscio di riversare all'esterno la responsabilità dei propri problemi per non doverli così affrontare.

Ho scritto che la sete di ricchezza è dovuta a paure inconsce, nel prossimo capitolo approfondiremo il tema.

LIBERTÀ DAL POSSESSO

Procuratevi ricchezze che non si consumano, un tesoro sicuro in cielo. Là i ladri non possono arrivare e la ruggine non lo può distruggere. Perché dove sono le vostre ricchezze là è anche il vostro cuore.[7]

Ho 25 anni. Come ogni mattina, esco di casa per andare a lavorare.

Presto il mio servizio come educatore in una comunità di assistenza ad handicappati mentali. Il lavoro consiste nello stimolare le capacità degli assistiti attraverso il lavoro manuale nei campi. Per raggiungere il luogo di lavoro preferisco percorrere a piedi un sentiero che mi porta sul crinale di una collina per poi di-

[7] Lc.12, 33-34

scendere sul versante opposto da cui già si vede l'azienda agricola.

E' un percorso molto piacevole e amo molto iniziare la giornata con questa camminata nei boschi. I luoghi mi sono ormai familiari, conosco i sassi dell'impervio sentiero dove quotidianamente poso i piedi e, mentre cammino, prego, dialogo con Dio, e mi sento in comunione col mondo. Gli alberi sono miei grandi maestri, quante volte li ho ringraziati per il loro maestoso e silenzioso insegnamento: così profondamente radicati nella terra e così coraggiosamente protesi verso il cielo, veri ponti tra la materia e lo spirito, monito per ognuno di noi chiamato a vivere nel mondo, ma a non essere del mondo, chiamato a vivere lo spirito nella materia.

Oggi, prima di uscire di casa, mi sono messo in tasca alcune noci e lentamente le mangio mentre cammino. Avvicinandomi al luogo di lavoro rallento il passo: "E' meglio che finisca le noci, altrimenti mi sentirei in obbligo di offrirle alle persone che incontrerò" penso tra me. Terminate le noci, faccio il mio ingresso nel cortile della comunità.

Subito si ode un grido: "Frank!". E' Lorenzo, un ospite dell'istituto. Un ragazzone grande e grosso, ma con lo sviluppo mentale di un bambino di pochi anni. Lorenzo mi corre incontro, ha la mano destra protesa in alto, in essa tiene un pacchetto di caramelle, un *sorriso entusiasta gli solca il viso: "Frank, guarda cosa mi hanno appena regalato, delle caramelle!" e, come giunge accanto a me, conclude: "Ne vuoi qualcuna?".*

* * *

Cartesio diceva: "Cogito, ergo sum" (Penso, quindi esisto). Oggi probabilmente si potrebbe modificare questa affermazione con: "Habeo, ergo sum" (Possiedo, quindi esisto).

Il bisogno di aggrapparci a ciò che possediamo è ancora una volta un indice del non sapere chi siamo, al punto di poter pensare che l'avere o meno un oggetto può modificare la percezione che abbiamo della nostra persona.

Alcune "cose" vengono definite "status simbol" (simboli di una condizione). Sono gli oggetti in nostro possesso a dire a tutti chi siamo e quanto valiamo.

Quello che segue è un brano tratto da un volume che riporta gli ammonimenti che l'autore, un saggio capo indigeno delle isole Samoa, diede al suo popolo al ritorno da un viaggio svoltosi in Europa agli inizi del XX secolo.

Poiché egli (il Papalagi, ovvero l'uomo bianco) è così povero e la sua terra così triste, afferra le cose, le raccoglie come il pazzo raccoglie le foglie secche e con esse riempie la sua capanna. Per questo però ci invidia e vorrebbe che noi diventassimo poveri come lui.

Grande povertà è quando l'uomo ha bisogno di tante cose: Perché così egli dimostra di essere povero di cose del Grande Spirito. Il Papalagi è povero perché desidera tanto ardentemente le cose. Non può vivere senza di esse.[8]

Anche l'attaccamento è una difesa: non sapendo chi io realmente sono, mi identifico con le mie cose, penso che senza di esse non posso sopravvivere.

Solo dando il giusto valore a chi realmente sono, a me come essere che trascende la materia, posso guardare alle cose come a strumenti, senz'altro utili, ma pur sempre corollario alla mia esistenza. Oggetti che posso usare per vivere, ma attenzione a non vivere per usarli.

Ognuno di noi altro non è se non la concretizzazione di un pensiero di Dio. Dio pensa e questo

[8] Papalagi, di Tuiavii di Tiavea, ed. Stampa Alternativa, Roma, P.23

suo pensiero prende forma. Noi siamo quindi Dio che si è espresso.

Siamo già completi e non ci manca niente per gioire di questa pienezza, se non vi riusciamo è solo perché ci siamo dimenticati la nostra origine. L'avventura a cui siamo chiamati è ricordare chi siamo per poter esprimere pienamente gli attributi divini che incarniamo.

L'aver scordato la nostra essenza origina il senso di paura che ci spinge a proteggerci (e quindi ad isolarci dalla vita che fluisce), ad irrigidirci (impedendoci di esprimere in libertà il nostro proprio canto), ad aggrapparci a cose esterne ritenendo illusoriamente che possano fornirci la sicurezza di cui sentiamo il bisogno.

Ricordo come alcuni anni fa rimasi impressionato nel leggere la pubblicità di una compagnia di assicurazioni, il messaggio suonava all'incirca così: "Cattolica assicurazioni, mettete il vostro futuro in mani sicure". E' inquietante il concetto insito in questa frase: "Se affiderete a noi i vostri risparmi non dovrete più preoccuparvi del vostro futuro", come se bastasse avere soldi per non avere problemi. Il tutto è ancora più sconcertante se si pensa che a proporre questo annuncio è una compagnia che si definisce "cattolica".

Non è la quantità dei beni materiali in mio possesso a determinare la mia serenità, bensì il mio coraggio di essere me stesso, di esprimere i miei propri talenti, il mio dono per il mondo.

* * *

Quando parlo di questioni economiche, della auspicabile libertà dall'attaccamento materiale, della nostra responsabilità circa la nostra situazione economica, provo sempre un po' di timore. A volte mi domando se le mie convinzioni su questo argomento cambierebbero se vivessi in situazione di assoluta miseria economica. Ci sono popolazioni intere che faticano a sopravvivere per via della scarsità di risorse economiche; come si può dire loro di non preoccuparsi dei beni materiali e di riconoscere la propria natura perfetta?

Non voglio assolutamente apparire demagogico, semplicemente propongo alcune considerazioni.

Durante un breve soggiorno in Zambia ho avuto la possibilità di visitare sia la baraccopoli alla periferia di Lusaka, la capitale di questo stato africano, sia alcuni villaggi. Nella periferia della città l'immagine che percepii fu proprio di squallore: abitazioni costruite con materiali di recupero e senza armonia, immondizia sparsa ovunque, una diffusa aria di tristezza. Nei villaggi le capanne esprimevano una loro armonia, non si trovava una foglia secca per parecchi metri tutt'intorno alle abitazioni, alcune di esse erano addirittura decorate con applicazioni di fanghi variopinti. Le persone dovevano sì andare al fiume per le loro occupazioni, ma si respirava un clima di serena allegria.

Forse il miraggio di un benessere materiale visto come risposta alle problematiche esistenziali ha portato ad abbandonare la dignitosa semplicità della vita rurale per inseguire il miraggio di una ricchezza economica priva di problemi, a scapito di valori molto più importanti per la vita della persona.

Sono perfettamente consapevole di altre importanti cause della scarsità di beni materiali: l'imperialismo economico di paesi economicamente ricchi, l'iniquità dei rapporti commerciali, le lotte di potere intestine (spesso espressione di lotte di potere internazionali).

Anche tutte queste cause si possono comunque ricondurre alla difficoltà dell'essere umano di aver fiducia in sé ed al suo bisogno di cercare nella ricchezza e nel potere il supporto al proprio sentirsi fragile.

Molto significative a questo proposito le parole della canzone di Vecchioni:

"Ed il più grande conquistò nazione dopo nazione

e quando fu davanti al mare si sentì un coglione

perché più in là non si poteva conquistare niente

e tanta strada per vedere un sole disperato

e sempre uguale e sempre come quando era partito".[9]

[9]   Roberto Vecchioni, Stranamore

LIBERI DI AMARE

Un pomeriggio, dopo aver riposato, Davide andò a passeggiare sul terrazzo della reggia. Di lassù vide una donna che faceva il bagno. Era bellissima. Davide seppe che era Betzabea, moglie di Uria l'Ittita. Davide la mandò a prendere, ebbe rapporti con lei e poi Betzabea tornò a casa sua.[10]

La sessualità è sempre stata, per me, un elemento fortemente presente. Fin da bambino mi sentiva attratto dalle compagne e questa attrazione è andata crescendo con l'età.

Sebbene il desiderio sessuale sia così forte, nutro per questo aspetto dei rapporti interpersonali un

---

[10]   2 Sam 11,2-4

grande rispetto e considero la sessualità una dimensione sacra.

Una concezione così nobile della sessualità non mi ha evitato di sperimentare lotte, turbamenti, frustrazioni, nel vivere questa dimensione.

Soprattutto durante i primi anni di matrimonio, le vacanze al mare avevano un che di supplizio: ogni ragazza che si trovava nel mio raggio visivo catturava la mia attenzione, più cercavo di essere indifferente al richiamo della femminilità, più i miei occhi e la mia fantasia si rifiutavano di obbedirmi e seguitavano nella loro ricerca e nelle fantasie. Tutto ciò mi irritava molto, non riuscivo a capacitarmi di quanto accadeva: "Sono felicemente sposato, vivo una vita sessuale sempre più serena ed intensa con mia moglie, allora perché questo continuo tormento?" Inoltre mi pareva molto umiliante, per le ragazze che diventavano oggetto delle mie attenzioni, l'essere notate per la propria bellezza e non venire riconosciute nella loro completezza di persone.

* * *

Sono ormai più di 11 anni che sono sposato, il rapporto tra me e mia moglie è continuato a crescere e con esso anche la nostra sessualità, molte tensioni si sono affievolite e questo ha portato ad una ancor maggiore serenità nella nostra relazione.

Da poco ho cominciato a partecipare a seminari sul risveglio della totalità della persona e questo mi permette di essere più consapevole delle dinamiche che hanno luogo in me.

Durante uno di questi incontri provo a dare spazio alle mie emozioni, a tutto ciò che affiora in me e così, nel tentativo di essere finalmente vero con me stesso e potendolo fare, trovandosi in un ambiente protetto in cui tutte le persone stanno lavorando sulle dinamiche interiori, comunico ad una giovane donna di essere affascinato dalla sua persona. La ragazza afferma di provare i medesimi sentimenti ed entrambi scopriamo che è piacevole intrattenerci amichevolmente.

Il giorno seguente mi accorgo che qualche cosa di indesiderabile sta accadendo: mi sento sempre più attratto dalla giovane e glielo comunico: "Sai Elisabetta, per me è difficile vivere un rapporto di amicizia con una persona bella come te senza provare anche un desiderio sessuale". La giovane, guardandomi dritto negli occhi, risponde: "Anche per me".

Mi trovo in difficoltà: potrei vivere un'avventura con la nuova amica, ma non sono alla ricerca di tali esperienze. Le riflessioni fatte negli ultimi anni mi hanno reso più consapevole delle dinamiche interiori e, in accordo con la giovane donna, decidiamo di continuare il rapporto godendo della compagnia reciproca senza però assecondare il desiderio di maggiore intimità che preme in noi; per me è infatti chiaro che questa pulsione vada interpretata.

Terminato il convegno, salgo in macchina e durante il viaggio verso casa godo di uno stato d'animo di pienezza, di calma e dolce forza: durante i tre giorni del seminario ho vissuto esperienze molto profonde, ho goduto di uno stato di grande espansione, ho aperto il cuore così da provare un intenso amore per il mondo intero. Ho anche rivissuto situazioni della mia infanzia in cui ho sofferto per l'abbandono da parte di mia madre, sentendo nuovamente il dolore e la disperazione che da tanti anni tenevo sepolti nell'intimo, potendo così finalmente liberarli.

Il giorno seguente sono al lavoro. Lavoro da solo e posso quindi ripensare alle esperienze appena vissute. Un profondo dolore emerge prepotente in me e, col passare delle ore e poi dei giorni, questo si fa sempre più intenso. Sul cuore sento un peso estremamente doloroso, vedo, con lo sguardo interiore, l'organo pulsante strappato, a me ne resta solo una metà, l'altra metà è con Elisabetta.

Non ricordo di aver mai sperimentato un dolore tanto intenso. Strani pensieri mi affollano la mente: -Forse è Elisabetta la donna della mia vita-, -Ho sposato mia moglie perché non avevo ancora incontrato la mia anima gemella, ora che finalmente l'ho trovata cosa faccio?-, -Se mia moglie ed i miei figli morissero potrei correre da lei-.

Sono profondamente turbato, tutta la mia vita è messa in discussione, ed allora decido di chiedere aiuto e mi rivolgo al mio maestro interiore, chiedendo di poter comprendere.

Lentamente comincio a fare dei collegamenti: mi rendo conto che il dolore che provo quando penso al distacco da Elisabetta è il medesimo che sperimento quando ricordo l'abbandono materno rivissuto durante il seminario, il dolore è proprio identico. Ancora, ricordo di essermi accorto di Elisabetta poiché lei faceva da interprete in tedesco e sentivo la sua giovane voce sempre in sottofondo, tanto è vero che le prime parole che le avevo rivolto furono: "Che bella voce che hai, è un piacere sentirti". Mia madre è tedesca e quando ero piccolo i miei genitori erano da poco venuti a vivere in Italia ed in casa parlavano tedesco.

Continuo a fare collegamenti: -Allora non mi sono innamorato di Elisabetta, bensì in lei ho rivisto la presenza di mia madre all'epoca dell'abbandono che ho rivissuto nei giorni scorsi!-. -Trovare lei è stato come ridare al bambino ferito in me l'abbraccio di sua madre e separarsi è stato rivivere nuovamente la separazione. Non da Elisabetta, ma da mia madre!-

Il comprendere queste dinamiche fa si che il dolore diminuisca e comincio a prendermi cura del piccolo bimbo sofferente che porto in grembo.

Ora che ho compreso posso condividere l'importante esperienza con mia moglie e questo, superate le iniziali difficoltà, ha reso il nostro rapporto ancor più sincero e profondo.

*   *   *

Fa parte del cammino dell'uomo uscire dal guscio delle proprie paure per cercare "l'oltre". La forza che ci spinge a farlo è la verità su ciò che realmente siamo che preme dal di dentro e ci spinge a spiccare il volo. Questa forza , molto spesso, assume forme apparentemente strane per svolgere il proprio compito: una di queste forme è il desiderio. Tutti quanti sentiamo prima o poi il desiderio di cambiare, di sperimentare strade nuove, e questo nel tentativo di acquietare il senso di insoddisfazione, di incompletezza, di futilità, che talvolta percepiamo.

70

Il desiderio è quindi una spinta importante nel cammino di ognuno di noi. Nulla è statico e tanto meno lo è l'essere umano. Aprirsi al nuovo significa accettare di cambiare e quindi concedersi la possibilità di compiere esperienze che possono aiutarci a divenire maggiormente consapevoli.

Il desiderio è quindi una spinta che nasce nel profondo della nostra complessa persona. Il più delle volte, però, non siamo molto consapevoli dei molteplici livelli di esistenza che ci compongono e la spinta del desiderio, prima che possiamo percepirla, ha dovuto attraversare più strati inconsci di personalità e, quando finalmente ne prendiamo coscienza, può risultare assai differente da quando è stato alla sua origine. Così, per esempio, la verità dentro di noi sa che siamo esseri unici ed importantissimi, espressione del Tutto, e che meritiamo per questo onore e rispetto. Il rischio è che lungo il percorso fino alla consapevolezza questo desiderio si svilisca, confondi, inquini, fino a prendere forma a livello cosciente di desiderio di essere onorato e riverito dalle persone che ci circondano.

Oppure all'origine di un nostro desiderio c'è un'antica ferita, un antico vuoto che tentiamo maldestramente di colmare, mentre il nostro bisogno autentico in questo caso è guarire quella ferita.

Il rischio che si può quindi correre è cadere nel circolo vizioso del soddisfacimento di finti bisogni (meglio dire di bisogni superficiali, scollegati dalla verità che li ha originati), di desideri che non appartengono al nostro io profondo e che finiscono col distrarci e ci impediscono di divenire coscienti dei nostri reali bisogni; si finisce così col continuare ad agire, a correre, a fare ed a disfare, per poi, in realtà, scoprire che non abbiamo trovato l'appagamento che cercavamo.

Importante è quindi comprendere, quando ci sentiamo spinti ad agire per soddisfare un desiderio, quale è la vera sete che alimenta quel desiderio. Se desidero cambiare lavoro, quale è il mio bisogno? Sto cercando una via di fuga per non dovermi più incontrare con colleghi con cui fatico a rapportarmi, oppure voglio dedicarmi ad una nuova attività che sento potrebbe darmi la possibilità di esprimermi più pienamente?

Tra i molteplici desideri che sperimentiamo nella nostra vita, il desiderio sessuale è certo uno dei più intensi e coinvolgenti.

Anche la persona timida, la persona dura, la persona rigida, la persona egoista, prima o poi sente il desiderio di unirsi ad un'altra persona. L'energia sessuale è una energia prorompente, piena di vitalità, di colore, di gioia, è una ricchezza immensa di cui ogni persona dispone in abbondanza.

Noi siamo al mondo per imparare ad amare e profondamente in noi preme il desiderio di amare.

Questo desiderio ci spinge all'azione, a confrontarci con i nostri schemi, i nostri condizionamenti. Il desiderio sessuale costituisce quindi una importante spinta alla crescita. Ma cosa suscita questo desiderio? Quale è il bisogno che si nasconde dietro questo desiderio?

L'essenza di noi stessi non è né maschile né femminile. Durante alcune vite vestiamo un corpo di uomo, in altre uno di donna, sperimentando così diversi attributi dell'Unità.

Forse è proprio il desiderio di riassaporare la completezza che spinge l'uomo verso la donna e viceversa. Io uomo, portatore degli attributi maschili, sono attratto non tanto dalla donna, quanto dalla sua femminilità di cui mi sento mancante.

Il desiderio di fondermi con una donna è il desiderio di fondere insieme la mia mascolinità con la sua femminilità. E' anche per questo motivo che sono attratto da una donna e non da altre, non perché la prima è bella e le altre no: ma perché riconosco in lei la parte di me che ritengo mancarmi. Fondermi con questa persona, possederla, significa riconquistare la parte di me che sentivo mancarmi. Il desiderio di possesso esclusivo, la gelosia che tanto frequentemente caratterizza i rapporti sentimentali, la disperazione che possiamo provare al momento della fine di una relazione, sono dovute al nostro intimo convincimento che perdendo la compagna perderemo la parte di noi che con lei pensiamo di aver ritrovato.

La via di uscita da questo inganno è riconoscere che la compagna che abbiamo incontrato non è portatrice di quella parte di noi che stavamo cercando, lei ci fa unicamente da specchio, ci sta mostrando ciò che da sempre è dentro di noi anche se non lo riconosciamo. Ogni incontro è un'opportunità per scoprire quali sono le qualità che nel compagno apprezziamo per poterle così riconoscere in noi. Se in una donna apprezzo la dolcezza, mi sto dicendo che ho nostalgia della dolcezza che porto nascosta in me e di cui forse mi vergogno.

Il riconoscere le persone che incontriamo come specchi che ci riflettono stimoli importanti per noi stessi vale sia per le persone che ci piacciono che per quelle che non riusciamo ad accettare.

Se vediamo la bellezza di alcune persone è perché amiamo i nostri aspetti che in loro vediamo riflessi, analogamente, se non riusciamo proprio a sopportarne altre è perché non accettiamo le parti di noi che esse ci mostrano, oppure perché la loro presenza riaccende una vecchia nostra ferita non ancora rimarginata; questa comunque è un'opportunità preziosa che ci viene offerta per fare pace, pe~ abbracciare un lato di noi che chiede attenzione.

∗   ∗   ∗

Amare significa aprirsi, riconoscers in tutte le persone che incontriamo, in tutto il creato. Amare è scoprire che noi siamo amore, che il solo esistere è già amare. Come una rosa che si apre e dona il suo profumo, noncurante se il suo dono viene apprezzato o se la gente passa indifferente: lei offre il proprio dono perché profumare è la sua essenza, la sua vita, lei è già completa in sé e non ha bisogno per essere felice del riconoscimento degli altri.

Amare è quindi essere, offrirsi totalmente sapendo che siamo completi e se ci uniamo ad un altro essere è per sperimentare la gioia della comunione.

Se questo è l'ideale dell'amore, la realtà è molto frequentemente differente. Infatti vivere così l'affettività significa aver già ricomposto l'unità dentro di noi.

Molte volte, invece, non siamo consapevoli di questa vastità dell'Amore ed il desiderio originario, lungo il percorso fino all'azione, si trasforma in desiderio di possesso, ricerca all'esterno di un appagamento, di una pienezza, che si ritiene possa venire unicamente

dall'esterno. Molte volte, in queste dinamiche, si me-
scolano ferite o vuoti che portiamo con noi da molto
lontano nel tempo, ferite del bambino interiore legate
alla sensazione di non essere stati amati a sufficienza
dai genitori o, risalendo più indietro, da Dio stesso e
la spinta originaria ad esprimere la nostra pienezza di
essere amanti diviene il tentativo di trovare appagamento nelle attenzioni offerteci dagli altri.

Il rapporto affettivo, essendo il momento in cui
maggiormente siamo chiamati ad esprimere la nostra
essenza di amanti, diviene anche l'ambito in cui si
esprimono più chiaramente le nostre ambiguità, in
cui si ripercuotono tutte le nostre paure, le nostre in-
sicurezze, il nostro dolore, le nostre ombre. L'atto sessuale che in questo rapporto affettivo si vive non può
che risentirne, rendendo difficile il conseguimento
della fusione completa.

L'inganno in cui si può cadere è pensare che la responsabilità dell'unione insoddisfacente sia del nostro
partner e quindi si può essere tentati, come api, a
volgere l'attenzione ad altri "fiori", convinti di riuscire
un giorno a trovare il "nettare" del completo appagamento che tanto agognamo. La nuova relazione dura
finché persiste l'eccitazione della novità, all'insorgere
delle prime difficoltà, si cambia.

Questo "nettare" è un obiettivo a cui si giunge passo dopo passo, affrontando una dopo l'altra le rigidità

e le chiusure che si trovano in noi. In questa opera costituisce un aiuto il mantenere il medesimo compagno, perché è proprio quando il rapporto perde l'entusiasmo della novità che emergono quelle difficoltà che, se superate, ci permettono di crescere nella libertà come persone e di aprirci ulteriormente, così da poter dare alla relazione un calore, una dolcezza ed una limpidezza maggiori.

Se il nostro consorte ci pare non aver più nulla da darci, se vediamo solo i suoi difetti e se non riusciamo più a vedere brillare la luce nei suoi occhi, è un'illusione pensare di poter trovare maggior soddisfazione cambiando partner. I nostri problemi, le reali cause delle difficoltà di coppia, ce li porteremmo appresso e, dopo le palpitazioni della novità, ci troveremmo nuovamente stanchi e delusi.

Generalmente indossiamo delle maschere per apparire come pensiamo agli altri faccia piacere, per nascondere, soprattutto a noi stessi, la parte di ombra che ognuno di noi porta in sé: il dolore, i timori, la rabbia,

Nella relazione di coppia, soprattutto poi se questa si protrae per lungo tempo, è difficile mantenere a lungo queste maschere e presto o tardi anche le parti in ombra di noi si manifesteranno, dandoci l'opportunità di riconoscerle ed affrontarle, infatti non ci si può liberare di ombre presenti in noi senza prima averle riconosciute.

La partner diviene lo specchio delle mie paure. Paure che, anche se originatesi all'esterno del rapporto, trasferisco su di lei in quanto persona che più di ogni altra mi è vicina. Soprattutto poi nella sessualità, quando mi metto a nudo e cerco di acquietare la mente per lasciare spazio all'emozione, ecco emergere la paura del giudizio, il senso di colpa, il tentativo di scaricare sugli altri la responsabilità delle mie difficoltà, ecc.

La compagna diviene allora la mia maestra: mi da la possibilità, che sta a me saper cogliere, di guardarmi e di andare alla ricerca delle vere fonti di questi disagi.

Più risolvo queste tensioni in me, più la nostra sessualità fluisce in pienezza.

La via d'uscita è accettare le provocazioni che emergono dalla relazione ed essere disposti a mettersi a nudo completamente. Solo accettando di guardare nel profondo di noi stessi riusciremo a vedere nella profondità del nostro compagno e scoprirvi un mondo infinito.

* * *

Ho già fatto riferimento al ruolo che le ferite del Bambino Interiore possono svolgere nella relazione affettiva, ma vorrei ampliare le osservazioni.

Molto più frequentemente di quanto si possa immaginare, quando si sceglie una compagna od un compagno, è il bambino che ancora porta in sé la sofferenza per non essersi sentito nell'infanzia completamente amato che spinge la persona a scegliere un partner che esprima i medesimi atteggiamenti del genitore che lo ha cresciuto. Naturalmente questo vale per ambo i sessi. Tale comportamento è foriero di difficoltà in quanto la relazione soddisferà sempre meno le aspettative. Infatti il partner non deve essere un genitore e noi non siamo più bambini. Il senso di insoddisfazione può spingere a cercare un altro partner con l'aspettativa inconscia che sia finalmente lui a colmare il vuoto affettivo che appesantisce il nostro cuore.

Avendo già una volta sofferto per quella che è stata vissuta come mancanza di affetto da parte di un genitore, non ci si può permettere di sperimentare nuovamente il dolore dell'abbandono e così si può giungere a rinunciare alla propria personalità pur di adeguarsi alle aspettative del coniuge-genitore.

Il rapporto di coppia può venire turbato anche dal riversare sul partner rancori non risolti nei confronti dei genitori o, ancora, dal trasferire sulla compagna le difficoltà che incontriamo nell'accettare il nostro lato femminile, o dal timore che, riconoscendo la dignità dell'altro, resteremmo sviliti. Questa non è libertà, è paura.

*　*　*

Il desiderio di cercare anche all'esterno della coppia il soddisfacimento dei propri appetiti sessuali è anch'esso, in quanto desiderio, una spinta alla crescita. Importante, anche in questo caso, è non soffermarsi al semplice desiderio, ma scendere di livello in livello nello nostro mondo interiore per scoprire quali sono le reali origini di questo desiderio. Quindi anche un forte appetito sessuale non va visto come un male da estirpare, bensì come una voce che giunge dall'interno stimolandoci a crescere, forse ad affrontare parti ancora bisognose di riconciliazione presenti in noi. Così un'accesa pulsione sessuale non è qualche cosa di cui vergognarsi (o vantarsi con gli amici), non va vista come un tormento da soffocare con pratiche ascetiche od un peccato da confessare.

Il desiderio è, come abbiamo visto, una spinta al cambiamento, l'espressione di un bisogno legittimo che chiede di essere soddisfatto. Semplicemente, anche la pulsione sessuale va vista come una voce che proviene dall'interno, forse è la voce del nostro bambino interiore che ci sta comunicando un suo bisogno: potrebbe trattarsi di bisogno di sicurezza, di bisogno di calore umano, di conforto, di sentirsi profondamente accolto ed accettato,

Ognuno di noi, per quanto adulto, "arrivato", sicuro di sé, conserva nel proprio intimo una parte bambina, con le sue fragilità, le sue debolezze, i suoi desideri, ma anche la sua fantasia, la sua voglia di giocare, la sua spensieratezza. Tutti questi sono aspetti preziosi della nostra personalità e non possiamo vivere in pienezza se non le riconosciamo ed integriamo con la parte adulta, razionale, previdente, calcolatrice, anch'essa molto importante, ma che rischierebbe di rendere sterile la nostra esistenza se non riconoscesse piena dignità all'altro aspetto di noi.

L'attrazione verso altre donne, diverse dalla nostra compagna, può essere vista allora come la richiesta da parte del bimbo interiore, di un momento di riposo, "il riposo del guerriero", di uno stacco dalle responsabilità di essere "grandi", di provare il conforto del calore umano. Sta alla parte adulta di noi riconoscere questo bisogno e, grazie alla sua avvedutezza, trovare il modo adatto per soddisfarlo.

Perché capita di non riuscire a soddisfare questi bisogni all'interno del rapporto di coppia e si è tentati di cercare altrove? L'appagamento di queste richieste interiori richiede la disponibilità a scendere più in profondità nel rapporto e l'idea di aprirsi maggiormente col proprio partner fa insorgere subito una reazione di difesa. Aprirsi di più significa giocarsi, significa abbandonare altre difese che ancora consideriamo indispensabili alla nostra sicurezza, significa accettare di mettersi ancora più a nudo, di rischiare di restare ancor più legati a questa persona, col timore magari di perdere la nostra libertà o di soffrire troppo se un giorno la nostra "storia" dovesse finire. Allora è molto più semplice cercare altrove, con persone con cui non si sono instaurati rapporti profondi e con cui quindi non si rischia troppo.

E' questa naturalmente un'illusione, infatti non potremo trovare il calore, l'abbraccio che andiamo cercando, se non siamo disposti a lasciare cadere le nostre difese.

E' quindi ancora una volta importante distinguere tra desiderio e bisogno. Se sento il desiderio di vivere molte avventure sentimentali, quale è il bisogno che vi sta dietro? Quale è il modo migliore per soddisfarlo? E' importante riconoscere il desiderio, altrettanto importante è non fermarsi ad esso. Esso è un segnale che mi spinge ad agire, sta poi a me comprendere in quale direzione.

Posso sentire il desiderio di mangiare continuamente. Non devo punirmi o reprimermi, ma ascoltare il messaggio che il desiderio mi sta comunicando: Quale è il bisogno? Quale è il vuoto che con il cibo sto cercando di colmare?

Torniamo brevemente a parlare di bellezza: questa non è nell'oggetto che viene visto, ma nella persona che guarda. Quante volte mi è capitato, trovandomi in un momento di chiusura e di difesa, di non riuscire più a vedere bellezza in mia moglie; diversamente, quando mi apro alla fiducia, quando decido di rischiare, di abbandonare la paura che un rapporto profondo come quello coniugale comporta, ecco che vedo il suo volto illuminarsi e risplendere di un fascino profondo, fresco ed allo stesso tempo antico.

Molte delle problematiche legate alla sessualità sono dovute a schemi, condizionamenti, paure, che albergano in noi.

Così, se non troviamo un partner, la domanda da porci è: Perché ho paura di aprirmi ad un'altra persona? Perché ho paura di giocarmi? Quale è la ferita profonda che mi impedisce di rischiare? Se soffriamo di eiaculazione precoce la domanda da porsi può essere: Ho forse paura di abbandonarmi fino in fondo nelle braccia di questa persona? Ho forse paura di perdere il controllo e di essere travolto dall'emozione?

Cosa ho paura di sperimentare se lascio libero corso alle emozioni?

Questi sono solo alcuni brevi spunti, ma questa dinamica è quella che sta dietro ad ogni nostro disturbo, anche se di carattere fisico, infatti una rigidità a livello emotivo, od un ferreo schema mentale, a lungo andare si ripercuote anche a livello fisico.

LIBERI DI ESSERE SE STESSI

Così conoscerete la Verità,

e la verità vi farà liberi[11]

Sto affrontando la rabbia, la rivolta, che porto in me, sto dando spazio alla parte di me che non vuole essere conciliante, che è stanca di rinunciare a sé per sentissi accettata e che con la rivolta cerca un proprio spazio. La mia rabbia è indirizzata verso l'autorità, forse a causa di un non risolto conflitto col padre, ma sente anche montare in sé un grido, una parola da urlare che lo spaventa. Sono ormai alcuni anni che a volte questo urlo si presenta alla mia mente ed io mi sono sempre sforzato di negarlo, di respingerlo. Ma esso non è mai scomparso e puntualmente torna a turbare il mio animo. Ricordo in un momento la crudeltà della vita umana, le sofferenze indicibili patite

---

[11]   Gv.8,32

ed inflitte in tanti anni di storia tra uomo e uomo. Molto sfumato, emerge anche il ricordo di un entusiasmo lontano quando, prima di incarnarsi, presi la decisione di nascere per compiere ciò che avevo deciso: quanto fu amaro sperimentare che quella che era stata immaginata un'esperienza gioiosa nella dimensione fisica si rivelava invece essere un'avventura colma di dolore, pesantezza, sfiducia.

Ecco che le temute parole prendono forza ed il grido liberatorio dirompe.

La bestemmia, tanto a lungo soffocata, è stata finalmente riconosciuta, espressione del risentimento segretamente nutrito nei confronti di un Dio ritenuto responsabile della sofferenza che la vita sembra portare indissolubilmente legata a sé.

Le parole appena pronunciate fanno emergere in me un profondo senso di colpa e di indegnità.

Un'amica mi chiede: "Chi sei?"

In risposta alla domanda, sul mio schermo interiore, vedo nitidamente l'immagine di me stesso completamente ricoperta di croste purulente.

Nonostante il peso dell'auto condanna, nel mio intimo trovo la forza per rifiutare questa immagine e lascio spazio alla voce della mia anima: "Io sono un essere di Luce!"

Ecco che le croste si staccano e sotto il loro spesso strato emerge un angelo luminoso. Lo riconosco: "Sono un angelo di Luce che vola sul mondo per distribuire amore". Mentre pronuncio queste parole, una forza nuova cresce in me.

L'angelo che vedo sullo schermo interiore vola guardando amorevolmente la terra, ma non riesce ad alzare gli occhi al cielo: sono i sensi di colpa che riaffiorano a farmi sentire indegno di guardare direttamente Dio. Lascio nuovamente spazio alla certezza che parla nel profondo ed ecco l'angelo di Luce aprirsi ed una sfera di pura luce uscire da lui per subito salire ed unirsi all'enorme sfera di Luce che rappresenta Dio.

In quel preciso istante, vengo riempito completamente da un'enorme quantità di energia che, partendo dal basso ventre, si diffonde in tutto il corpo, al punto di darmi l'impressione di stare per scoppiare. La sensazione svanisce dopo pochi istanti, lasciando un profondo senso di serenità e pienezza.

Non comprendo se quest'energia è un assaggio della forza che ognuno di noi ha in quanto Dio incarnato, o se si tratta dell'energia bloccata dai sensi di colpa che è stata liberata; forse la differenza è solo formale Fatto sta che l'aver riconosciuto la mia vera identità ha avuto un notevole effetto su di me.

Quanto accaduto non sta a significare che ora ho risolto tutti i miei problemi, ci sono infatti ancora parti della mia persona aggrappate alle proprie paure che fanno fatica ad aprirsi, ma un importante passo è stato compiuto ed io non sarò più la persona che ero prima.

*   *   *

Camilla è un'atleta, conosce proprio bene il proprio corpo, i propri muscoli. Da un po' di tempo è infastidita da un dolore alla schiena che limita il movimento del braccio destro e riduce notevolmente la forza che con l'arto riesce ad esprimere. Nonostante si dica convinta della natura schiettamente fisiologica del disturbo, mi chiede un consiglio.

Dialogando col dolore durante un paio di incontri, la giovane donna scopre la profondità del messaggio che questo le sta offrendo, diviene consapevole di come la limitazione del movimento rappresenti per lei una protezione, un espediente per impedirle di compiere gesti che inconsciamente sono ritenuti pericolosi.

Camilla decide che è giunto per lei il momento di scegliere consapevolmente se e quando agire, senza lasciare che sia la paura a decidere per lei, e ritiene di non aver più bisogno del dolore. Questo però, seppur molto diminuito, non la abbandona completamente.

All'incontro successivo l'atleta si presenta annunciando la scomparsa del dolore che ha lasciato il posto ad una sensazione di fastidio. Le domando di visualizzare questo disturbo e lei, sul suo schermo interiore, lo vede sotto forma di foglie secche che le intorpidiscono il braccio. Aggiunge anche che un vento deciso le vorrebbe soffiare via attraverso un'apertura posta alla sommità della testa, ma c'è un ostacolo. Ad impedire la fuoriuscita delle foglie secche (rappresentanti, a detta dell'interessata, le vicende dolorose della sua infanzia) c'è una nube grigia posta sopra la testa. In lontananza vede il cielo azzurro e decide di incamminarsi Lungo il cammino, proprio nel punto di confine tra il cielo sereno e quello nuvoloso, c'è un muretto, Camilla si accinge a scavalcarlo, ma si accorge di una difficoltà: lei è ora seduta a cavallo del muro ed è appoggiata alle nuvole, queste le sono indispensabili per reggersi, se saltasse perderebbe il loro sostegno e rovinerebbe a terra.

All'interno dell'atleta è in corso un confronto tra due diverse forze: da un lato il suo desiderio di libertà, di espansione, che la spinge ad aprirsi fiduciosa alla vita, dall'altro la paura che le ricorda quanto l'aprirsi possa essere pericoloso, che le ricorda come lei, su questa paura, si è costruita il proprio equilibrio e che può essere pericoloso abbandonare questo sostegno.

Camilla ha però ormai deciso e, facendo appello al proprio coraggio, scende dal muretto per camminare sotto un cielo limpido. In quel momento nulla più ostacola il vento che può soffiare via le foglie secche dal suo braccio, liberando la giovane donna dal suo disturbo.

Nulla di esterno può limitarci. Noi siamo gli unici carcerieri di noi stessi. Solo noi abbiamo in mano le chiavi della cella più o meno dorata in cui ci siamo rinchiusi per scampare un pericolo che ritenevamo mortale. Solo noi possiamo decidere se restare nell'illusoria quiete della gabbia, che però amputa la nostra esistenza, la nostra sete di espansione, o se ascoltare la voce che dal profondo ci chiama a volare liberi.

I motivi per cui abbiamo edificato questa palizzata sono molteplici, come molteplici sono gli strati sovrapposti che la costituiscono.

Sono convinto che ognuno di noi viene al mondo con un progetto ben definito. L'obbiettivo di ogni anima è riconoscere la propria divinità e viverla pienamente manifestandola.

Quando siamo stati pensati da Dio padre, il Dio pensante, noi, il Dio pensato, espressione di Dio padre, abbiamo percepito progressivamente il nostro essere indipendenti come un essere separati e da qui il senso di abbandono, di pericolo, di fragilità, e la convinzione di doverci difendere. Il cammino di ogni anima per riscoprire il proprio essere Dio e vivere la propria divinità in modo indipendente e consapevole passa dal riconoscimento della gabbia in cui ci siamo nascosti e dalla determinazione di smontarla pezzo dopo pezzo.

L'essere rinchiusi, se da una parte ci procura un senso di sicurezza, dall'altro, a lungo andare, genera sensi di insoddisfazione in quanto la parte più vera, sempre presente nell'intimo di ognuno, ci chiama ad altro. Il canto di cui ciascuno è portatore preme per essere espresso.

Questa insoddisfazione, se non ascoltata, diviene sempre più profonda e può portare alla malattia.

Se siamo noi ad avere le chiavi della gabbia in cui ci siamo rinchiusi, perché non spalancarne subito la porta ed iniziare finalmente a danzare la nostra danza? Perché uscire significa abbandonare una situazione conosciuta, significa affrontare le paure, i mostri che ci hanno terrorizzati e che ci hanno spinto a rintanarci.

Prima di venire al mondo abbiamo pianificato gli aspetti su cui avremmo lavorato durante l'esperienza terrena che stavamo per intraprendere. In base alle lezioni apprese nelle vite precedenti abbiamo deciso quale nostro aspetto avremmo cercato di sviluppare, quale delle corazze che ancora portiamo con noi avremmo affrontato: forse il timore dell'autorità, forse il bisogno di sentirci amati, oppure la paura dell'abbandono che ci rende o adulatori od arroganti falsamente indipendenti. Inoltre, ancora circondati da anime amiche, ci siamo presi l'impegno di testimoniare nel mondo la gioia, l'amore, il perdono o la fiducia. Quando siamo nati la pesantezza della vita fisica ha accentuato le nostre difese, forse è nata dell'amarezza, una delusione: ci aspettavamo un compito facile e ci siamo sentiti traditi.

* * *

Uscire dalla gabbia significa smettere di riversare su altri la responsabilità delle situazioni che ci fanno soffrire. Significa non prendersela più con Dio, con i genitori, con i vicini di casa, con il coniuge, con i figli, con il mondo intero. Significa riconoscere che l'origine di tutti i mali è la mancanza di fiducia in noi stessi che ci spinge a chiuderci nella nostra fortezza.

Rinchiusi in essa ci siamo separati dalla vita che fluisce libera e copiosa, così che la nostra esistenza rischia di apparire monotona, sterile, pesante... La responsabilità di questa situazione la riversiamo all'esterno: Dio che ci ha traditi, i genitori che non ci hanno amati di quell'amore totale che volevamo e che non potevano darci, tutti coloro che non ci capiscono e non ci apprezzano.

Solo quando capiremo che non è all'esterno che dobbiamo scaricare la responsabilità della nostra situazione, solo quando capiremo che non è dall'esterno che deve venire il riconoscimento di noi stessi, quando riusciremo a vedere in tutte le situazioni, anche in quelle spiacevoli, un'occasione per confrontarci con le nostre paure, per esprimere i nostri talenti, quando capiremo che NOI dobbiamo riconoscerci, che NOI dobbiamo riuscire a cogliere la nostra bellezza indicibile, la nostra radiosità indescrivibile, solo allora i mostri che la nostra paura, la nostra rabbia, hanno proiettato all'esterno spaventandoci si ridimensioneranno e noi troveremo la forza per aprire la porta.

Non c'è nulla fuori di noi che possa limitare la nostra libertà. Se in passato alcuni eventi ci hanno ferito, cerchiamo in essi il messaggio di cui erano portatori, cerchiamo la nostra parte di responsabilità.

Nelle relazioni interpersonali tutti gli attori sono cor-responsabili della qualità del rapporto: se una persona domina è perché altre si fanno dominare, hanno bisogno di sentirsi dominate o ritengono che non può essere diversamente. Il potere del più feroce tiranno si fonda sul consenso delle sue vittime: se queste decidessero di essere ormai cresciute e di non aver più bisogno di un'autorità che decida per esse, il tiranno si sgonfierebbe immediatamente.

Gandhi si ispirò a questa convinzione nell'organizzare la lotta per l'indipendenza dell'India. Egli espresse il suo stupore nel vedere come poche decine di migliaia di inglesi riuscissero a dominare un popolo di centinaia di milioni di persone. Quando queste finalmente decisero di prendersi la responsabilità di decidere della propria vita, agli occupanti non restò altro da fare che tornare in Inghilterra. Inoltre a questo si arrivò senza ricorrere alla violenza, infatti non era necessario convincere gli inglesi della forza dei nativi, bensì sufficiente fu che questi ultimi riconoscessero la loro propria forza.

$$* \quad * \quad *$$

Diventare liberi vuol dire prendere in mano la propria vita e ciò significa innanzitutto assumersi la responsabilità della propria condizione. Finché proiettiamo all'esterno le cause dei nostri guai, resteremo vittime del condizionamento esterno; nel momento in cui ci riconosciamo come fautori del nostro destino, possiamo decidere di modificarlo.

Quanto detto vale per ogni ambito della vita. Anche per quanto riguarda la salute: se riteniamo l'ambiente responsabile di una nostra malattia, non ci resta altro da fare che subirla e cercare di difenderci dai suoi attacchi, se diversamente riconosciamo la malattia come generata da noi, possiamo scoprire in essa una maestra che ci indica nostre parti oscure e ci dà l'opportunità di modificarci e quindi renderci non più adatti ad essere malati.

∗ ∗ ∗

Non ci sono più nemici contro cui combattere, un destino da maledire, una natura ostile da cui difendersi. Nostro compito è riconoscerci cocreatori del nostro mondo, siamo noi che, proiettando all'esterno le nostre paure, le nostre rabbie, il nostro dolore, diamo loro consistenza.

Riconoscere questi lati oscuri e decidere di abbracciarli e di sanarli porta alla scomparsa dei mostri.

La felicità, la pienezza, la pace non sono allora mete da conquistare lottando. La felicità è nostra per diritto di nascita, non è un premio postumo per chi si è comportato bene. Il paradiso non ha un luogo ed un tempo propri, dove e quando i "buoni" saranno premiati.

Il cammino dell'espansione non avrà mai fine, Dio è infinito e noi, sua espressione, lo siamo altrettanto e non ci sarà mai un momento in cui potremo dire: "ora ho compreso tutto, ora tutto è terminato. "Ma allora non ci sarà mai il momento per tirare il fiato, per sedersi contenti di essere finalmente arrivati?" No. Ma questo non deve avvilirci. La felicità non è nell'essere arrivati, nell'intimo noi siamo perfetti già ora, dobbiamo solo riconoscerlo.

"La perfezione sta nell'accettare la propria imperfezione"[12]

E' bellissimo. Posso, anzi devo, riconoscere i miei limiti, le zone oscure che ancora temo di esplorare, ma ciò non sminuisce affatto l'intima mia bellezza divina! Io sono un'espressione di Dio in cammino verso il completo riconoscimento di sé. Se trovo in me delle ombre che sembrano offuscarmi, semplicemente posso prenderne atto e lavorare per portarvi la luce, ma se riesco a farlo restando ancorato alla profonda consapevolezza della mia grandezza, la mia felicità

_____

[12]   Mario Somma durante uno dei suoi seminari sul risveglio

non viene scalfita. Dipende da me identificarmi con la mia essenza luminosa o con il vestito della limitazione che sto indossando per compiere le esperienze di cui necessito per crescere.

Anche il riconoscimento della mia divinità non è un obiettivo da conquistare con dure fatiche. Tutta la nostra vita ci porta automaticamente a questo, ogni nostro sforzo in tal senso può solo rallentare il compimento di questo obiettivo.

Lorenzo mi ha raccontato un suo sogno: "Sto volando sopra le montagne, so che la mia meta è la cima del Monte Rosa. Sorvolo il sentiero che conduce alla vetta e come mi rendo conto di quanto questo sia ripido mi sforzo per prendere quota. Nel preciso momento in cui inizio ad impiegare la mia determinazione, comincio a scendere. Decido quindi di abbandonarmi e di lasciarmi trasportare e subito ricomincio a salire. In prossimità della cima, il sentiero si fa ancora più impervio e penso che questo è proprio il momento di mettercela tutta per superare l'ultimo dislivello. Ancora una volta questo pensiero mi fa perdere quota. Solo quando ribadisco l'intenzione di abbandonarmi completamente riesco a sorvolare la cima dell'alto monte."

Non c'è da combattere, basta permettere.

Quando è il momento di essere felici? Adesso.

*   *   *

Un tipo particolare di mostro che sembra minacciare la nostra libertà è il senso di colpa, il senso del peccato.

E' giunto il momento di liberarci dell'idea di peccato e di aprirci alla riconciliazione di cui tutti abbiamo un grande bisogno.

Il peccato è un errore commesso che ci segna come esseri indegni.

Provo un senso di vecchio e pesante quando in chiesa si recita: "Non sono degno di partecipare a questa Mensa". Non sono degno? Questa mensa, la mensa della vita e della pienezza, è stata imbandita proprio per me, per me io, così come sono, meraviglioso come sono. Certo non per i miei meriti, se così fosse l'invito a mensa sarebbe il frutto di un amore comprato. Non sono invitato perché faccio il bravo, sono invitato perché sono.

Non ci sono peccatori, non ci sono cattivi che sbagliano; ci sono persone, ed io sono tra loro, non pienamente consapevoli della propria bellezza e che si vedono minacciate, che si sentono ferite e che allora si difendono. Così facendo possono ferire, ma non per cattiveria, solamente sono abbagliate, confuse, non comprendono.

La "punizione" per questo errore la stanno già subendo, è l'insoddisfazione, la tristezza, la pesantezza, la malattia, che non sono però un castigo, bensì l'occasione che si offrono per riconoscere che si sono persi in vicoli ciechi.

Che bello poter deporre la cappa opprimente del senso di colpa che finisce con l'immobilizzare, col togliere la speranza, la possibilità di riconoscersi.

Essere liberi significa anche essere liberi dal peccato.

Qualsiasi nefandezza possiamo compiere va vista come il disperato tentativo di una persona confusa e non come il frutto della cattiveria. Quest'ultima non esiste. Nessuno è cattivo. Semmai è ferito, è furente, si sente minacciato, ma non è cattivo. Se non c'è cattiveria non c'è peccato. C'è il tentativo maldestro di tamponare una ferita. I "cattivi" sono le prime vittime, vittime dell'illusione di essere accerchiati dai mostri.

Non c'è più male da contrastare, cattivi da punire, nemici da distruggere. Tutti i mostri che vediamo all'esterno sono proiezioni di mostri che portiamo in noi; anche queste ultimi non sono però tumori da estirpare, ma parti di noi accartocciate, abbruttite, che attendono solamente che ci si accorga di esse, che le si riconosca e le si abbracci teneramente dando così loro la possibilità di rifiorire per poter ricostruire insieme la pienezza. La prepotenza non è un male di cui liberarsi, è forza che si è cristallizzata, non è sostanzialmente negativa. La forza è buona, mi permette di affermarmi, di esprimere i miei talenti, di vivere. La prepotenza è forza malata, non è da estirpare, è da guarire. Così la rinuncia è mitezza malata, la paura che paralizza è prudenza malata.

Una notte ho fatto questo sogno.

In un paesaggio collinare ed agreste c'è una cascina. Un bambino scavalca la staccionata che circonda la costruzione e fugge attraverso i campi disposti a terrazze. Poco dopo un adulto dalla sensibilità femminile si affretta a cercare il giovanetto per aiutarlo e confortarlo. Da chi sta scappando il bimbo? La risposta giunge subito: un uomo col volto contratto dall'ira si precipita fuori dall'abitazione. E' lo zio che lo cerca per ricondurlo a casa con la forza .

Il personaggio dalla sensibilità femminile si aggira su e giù per i terrazzamenti alla ricerca del fuggitivo finché incontra un vecchio che ha l'aria di saperla lunga. Quest'ultimo parla con tono rassicurante: "Non preoccuparti, ritroverai presto il bambino, il modo in cui può trovare la libertà non è la fuga, ma tornare alla casa da cui è fuggito."

Non è scappando dalle parti di noi che non ci piacciono che troviamo la realizzazione, ma solo accettandole, riconciliandoci con esse e ricomponendo la nostra unità. I tre personaggi del sogno rappresentano diversi aspetti della stessa persona, solo riconciliando il bambino spaventato, la femminilità all'apparenza impotente e la mascolinità all'apparenza iraconda posso ricomporre la mia persona e trovare la libertà. Se non faccio questo dovrò continuare a fuggire, a rincorrere, a voler punire, proiettando all'esterno una lotta che è squisitamente intima.

$$* \quad * \quad *$$

Se tutto dipende da noi, se tutto è così semplice, perché così frequentemente, al momento di scegliere, preferiamo restare in gabbia piuttosto che uscire?

In parte, come già abbiamo visto, per paura dei "mostri". Ma c'è dell'altro.

Decidere di pilotare la propria vita piuttosto che lasciarsi determinare dalle circostanze significa assumersi la responsabilità della propria esistenza.

E' comodo persuadersi che se siamo tristi è colpa di chi ci sta attorno, così non dobbiamo metterci in discussione, siamo delle povere vittime; siamo sì tristi, ma non possiamo farci nulla, o ci rassegnamo all'impotenza, o ci ribelliamo contro i "cattivi".

Riconoscere che una relazione è determinata da tutte le persone che vi partecipano, sia dai prepotenti che dalle "vittime", ci fornisce la possibilità di modificare il rapporto. Ciò comporta il doversi mettere in discussione, l'assumersi le proprie responsabilità, l'affrontare gli ostacoli esterni (specchio di quelli interiori); tutto ciò è faticoso, è scomodo. Forse la mia situazione attuale non è poi così spiacevole; in fondo, anche se un po' avvilente, è pur sempre relativamente tranquilla.

Anche in caso di malattia, alcune volte, si possono incontrare le stesse dinamiche. Sono malato, molto malato, devono prendersi cura di me, non ho alcun obbligo, nessuno si aspetta nulla da me, tutto mi è dovuto, io sono al centro dell'attenzione e tutti ruotano attorno alle mie esigenze improcrastinabili.

Tutto questo certo mi costa: provo dolore fisico, sono limitato in molte attività, ma può essere un prezzo ragionevole per l'attenzione che in questo modo ricevo.

Scegliere significa inoltre giocarsi, significa legarsi alle conseguenze della decisione presa e negarsi la possibilità di percorrere vie differenti. La scelta di sposarsi comporta la rinuncia alla vita da scapolo, a fare quello che si desidera senza dover venire a patti con nessuno; comporta anche l'obbligo di prendersi cura del consorte e degli eventuali figli.

Ogni qual volta esercito la libertà di scelta mi lego ad alcune catene.

Forse le cose non stanno però proprio così. Se le conseguenze delle scelte sono vissute come perdita significa che la scelta in questione non è stata un atto di libertà.

Se decido di andare al cinema, non mi importa se così facendo non posso andare a teatro. Importante è ascoltarsi per scoprire quello che realmente si vuole fare e farlo. Se tentenno tra una possibilità ed un'altra non mi ascolto, mi lascio sballottare da tante voci differenti senza ascoltare la mia. Non sono allora io che vivo.

Ascoltare i propri desideri sinceri e lavorare per realizzarli equivale a vivere, ad esistere.

FINO NELLE CELLULE

La gloria di Dio

è l'uomo vivente[13]

Mi è sempre stato chiaro il motivo del mio essere qui, sulla Terra: dare il mio contributo al miglioramento della vita su questo pianeta, alla redenzione. Col passare degli anni il lavorare a questo scopo ha assunto forme differenti. Sono passato attraverso la non collaborazione col "male" attraverso gesti come l'obiezione di coscienza al servizio ed alle spese militari, ho sperimentato il sostegno al "bene" attraverso il servizio agli handicappati mentali e scelte di vita impostate sulla semplicità, il rispetto di persone e cose, l'umiltà. Sono passato attraverso gesti forti, sia pubblici che privati, a sostegno del bene contro il male, mi sono immolato con sacrifici di redenzione

---

[13]   Dalla liturgia

per sostenere il bene nella lotta contro il male: mi sono schierato.

Poi è giunto il momento in cui il fronte è cambiato. Ad un tratto mi sono reso conto che non c'erano più i buoni ed i cattivi, schierati gli uni di fronte agli altri. Non si trattava più di combattere la crociata dei cavalieri della luce e della verità contro i servitori del male. Mi sono reso conto di come il bene ed il male fossero presenti in ogni essere cosciente. Ovunque, in ognuno, vedevo presente il conflitto tra bene e male; le lotte esteriori, le guerre, le crudeltà del mondo, altro non sono che la proiezione all'esterno, la materializzazione, della lotta interiore.

Lo scontro si è così spostato al mio interno: "Purifico me stesso per purificare il mondo". Per anni mi sono punito, fustigato, ho offerto sacrifici di espiazione per stroncare il male in me e così contribuire alla Redenzione.

Poi la grande scoperta: tra il male ed il bene non esiste differenza, non esiste un bene contrapposto ad un male - non esiste nulla che sia male -, come non esiste distinzione tra spirito e materia, tra Creatore e Creazione, tra vita e morte, tra prima e dopo, tra me e te, tra qua e la, tra noi e loro, tra dentro e fuori. Non c'è quindi più alcuna guerra santa da compiere, alcun peccato da espiare, alcun cattivo da convertire.

E' la fine del dualismo, della contrapposizione, della lotta per affermare sé, la propria verità, il proprio diritto, in opposizione all'altro, al suo diritto, alla sua verità (che in quanto "sua" è sicuramente differente dalla mia).

Tutto ciò che resta è l'Amore. Il mondo non è il campo su cui si svolge il ciclopico scontro tra il Bianco Bene e l'Oscuro Male, perché solo Amore esiste e Amore non può generare qualcosa che sia sostanzialmente diverso da sé. Che bello, pensai, ora tutto è chiaro. Non c'è più violenza, non c'è più motivo di temere: io sono Amore, tu sei Amore, tutto è felicità! Se appare un'ombra, una incrinatura in questa assoluta perfezione, è dovuta alla paura, che non è una realtà indipendente, ma semplicemente un non fluire dell'Amore. Basta però ricordarsi di chi si è, ripristinare il flusso, e tutto è a posto.

Qualcosa però non mi convinceva, anche se il ragionamento pareva essere perfetto, sembrava non mostrare lati deboli. La risposta a questo dubbio arrivò puntuale una notte.

Il sole, già da alcune ore, ha lasciato il posto alle stelle che brillano intensamente non nascoste dalla luna che rischiara cieli lontani da qui. In cima alla collina, tra gli alberi, la mia tenda. Il sentiero che per-

corro su questa collina vicina ad Assisi è reso appena visibile dalla tenue luce delle stelle che evidenziano i sassi spogli del sentiero, indicandomi dove appoggiare i piedi. Il percorso, a tratti, si fa molto scosceso ed ogni tanto mi fermo a riprendere fiato, ma non è soltanto la salita ad accelerare il mio respiro, sento, dentro di me, qualcosa che cresce e che cerca di impossessarsi della mia persona: la paura.

Non è la prima volta che mi trovo da solo, di notte, in un bosco. Ripenso in un attimo a tutte le altre volte, a come ogni volta mi sono trovato in compagnia della medesima paura, di una paura irrazionale, la paura del lupo nero, del cattivo sempre in agguato dietro l'albero, e di come ogni volta ho ribadito la mia fiducia in un mondo di Amore e sono rimasto, scacciando la paura. Ed oggi ancora, nonostante la mia fiducia che solo l'Amore esiste, mi trovo ad avere paura.

Cerco di tenere questa emozione sotto controllo, mi fermo. Lei vorrebbe che mi girassi per guardarmi alle spalle, per vedere se qualcuno sta per colpirmi a tradimento. Cerco di convincermi: "Se rinuncio alla paura ed esprimo appieno l'Amore che sono, il mondo mi riconoscerà come Amore e nulla di sgradevole potrà accadermi". La paura sa essere molto scaltra ed eccola serpeggiare nella mia mente: "Tu puoi anche essere convinto di essere Amore, ma se arriva un *cinghiale coi suoi piccoli e, presa dalla paura, ti attacca, chi glielo va a dire che sei amore?"*

Oh oh! Tutto sembra vacillare per un istante. Nel profondo di me stesso, però, so che deve esserci una risposta all'obiezione sollevata dalla paura.

Ecco, molto dolcemente, senza clamori, una nuova consapevolezza entra in me (oppure emerge dal mio profondo?). Riconosco la presenza di S. Francesco, il mio orizzonte si amplia, una nuova comprensione mi riempie. Il messaggio è estremamente chiaro: "Non sei solamente cervello, neppure unicamente cuore, neanche solo anima. Puoi affermare di essere Amore con la mente, col cuore, anche con l'anima, ma fintanto che la consapevolezza di essere Amore non sarà entrata anche nel tuo corpo al punto di impregnare tutte le cellule che lo compongono, comprese le cellule più piccole e periferiche, il tuo parlare di Amore sarà una maschera. Con la bocca potrai parlare di Amore, il tuo cuore potrà palpitare d'Amore, la tua anima potrà espandersi nell'Amore, ma se l'Amore non avrà impregnato anche tutto il tuo corpo, una parte di te continuerà a parlare di paura. Il cinghiale lo percepirà e ti attaccherà".

Ecco il nuovo confine, il nuovo orizzonte da esplorare: la spiritualizzazione della materia.

Noi siamo esseri multidimensionali, tutto esiste simultaneamente in molteplici dimensioni differenti. Visualizzo la Creazione come una serie di cerchi concentrici, ogni cerchio rappresenta una diversa dimensione di esistenza. Ognuno di noi esiste su tutte i differenti livelli. Al centro della Creazione c'è l'Uno, noi facciamo parte del Tutto senza senso di separazione. Anche se c'è la percezione della propria individualità, non esiste una reale distinzione tra me e te, prima e dopo, ecc., pura consapevole vibrazione d'Amore. Man mano che ci si allontana dal centro, la frequenza vibratoria si fa più lenta, l'amore più denso e pesante, si accentua il senso di individualizzazione, compare il senso di separazione, fino ad arrivare al cerchio esterno, al mondo fisico, dove l'energia appare estremamente densa e la separazione di ognuno dagli altri e dal Tutto viene percepita definitiva.

Ognuno di noi esiste contemporaneamente in ogni livello. Io sono un uomo di 37 anni, sono una coscienza che non avrà mai fine e che sta attraversando molteplici esperienze in mondi differenti per apprendere, sono pura consapevolezza che non ha bisogno di apprendere nulla e che pulsa Amore, lo irradia e lo riceve e gode di questo scambio, sono l'Unità del Tutto.

Ogni dimensione di esistenza ha le sue regole, le proprie leggi. Queste costituiscono ciò che di più adatto ci possa essere per ciascuna dimensione, affinché chi in queste dimensioni si muove possa apprendere tutto ciò che ha scelto di imparare da queste esperienze dimensionali.

L'esistenza nella dimensione fisica è estremamente densa, per questo motivo essa è una scuola estremamente valida, che incide profondamente, che stimola intensamente. Risulta però molto difficoltoso, mentre ci si trova immersi nella materia, restare consapevoli delle altre dimensioni del nostro esistere. Il senso di separazione è forte e con esso la paura.

Questa paura si è talmente radicata in noi, nel corso della storia, da divenire nostro patrimonio genetico. Così la piccola gazzella, al momento della nascita, già sa di dover scappare dalla leonessa per non venire uccisa. I nostri schemi di pensiero, la nostra cultura, le memorie immagazzinate nei nostri corpi, ci mettono in guardia, ci rendono diffidenti, al fine di tutelare la nostra sopravvivenza.

Per fortuna è così! Altrimenti saremmo già tutti morti. Infatti questa in cui ci muoviamo è la dimensione della materia, la dimensione della illusione di separazione, la dimensione dove vige la legge della giungla: sono preda o sono predatore, domino o sono dominato, uccido per non essere ucciso, mi umilio per essere risparmiato, difendo il mio territorio per garantirmi la sopravvivenza. Questo è il mondo della materia e queste le sue leggi, le sue regole.

Noi però non siamo solo materia. Anche se talvolta non ne siamo consapevoli, noi esistiamo anche in altre dimensioni, dove le regole sono quelle dello spirito, dove la legge è l'amore, l'espansione. Questo ci fa percepire soffocante e limitante la vita nel mondo fisico, questo ci spinge ad andare oltre, a cercare il più ampio.

Per millenni si ha cercato di costruire, al di là del mondo fisico, un mondo perfetto. Abbandonare la sporca materia per trovare finalmente rifugio e conforto nel mondo dello Spirito.

Questo vita mi va stretta, fuggo nel mondo ovattato delle dimensioni sottili. Poco importa se questa fuga è prodotta dall'oppio vegetale o dall'oppio dei popoli: la religione.

Non intendo avviare od unirmi a crociate contro la religione, sto semplicemente evidenziando la tendenza che talvolta si percepisce in alcune religioni ad esorcizzare la dimensione fisica quale male da cui fuggire. Quante volte si sono sentiti inviti a sopportare pazientemente le ingiurie, le ingiustizie, le vessazioni, che si vivono nella materia, in attesa della pace, della giustizia e della ricompensa nel mondo dello spirito. Una malattia ti sta portando alla tomba? Pazienza, sopporta umilmente, poi riceverai la ricompensa per queste tue sofferenze.

Se esiste una dimensione così densa come quella fisica, non è certo per far nascere in noi il desiderio di fuggire da essa e rintanarci nello spirito. Tutto è Uno. Anche la materia è Dio e non ci può essere Unità negando una parte. Se esiste una materia è per scoprire in essa il volto di Dio, così che tutto si ritrovi riunito in Lui, nell'Unico Tutto.

La materia, tanto spesso ingiuriata, è la perla della creazione. Il mondo fisico così denso, così concreto, rappresenta la manifestazione più tangibile dell'essenza di Dio: l'Esistente (Io sono Colui che è).

Diviene quindi facile comprendere la parola dell'apostolo: "La gloria di Dio è l'uomo vivente". Più la Creazione è densa, tanto maggiore è l'intensità, la corposità, della manifestazione di Dio. Quindi questo mondo materiale, tanto denso se confrontato al mondo degli angeli, delle guide spirituali e chissà a quanti altri mondi ancora, è chiamato ad un compito particolarmente esaltante: esprimere la Gloria di Dio nella sua pienezza fino a renderla fisicamente percepibile. Incarnare pienamente lo Spirito nella Materia.

La materia costituisce quindi una formidabile opportunità. Pensiamo a quanto essa appaia concreta, a quanto totalmente tutto ciò che avviene nella dimensione della fisicità ci coinvolge, a quanto possono essere profonde le gioie, a quanto sanno essere travolgenti le passioni, a quanto può essere lancinante il dolore, fino a quale limite estremo può portarci la rabbia, al superamento di quali ostacoli ci può condurre il coraggio. Vivere in un mondo siffatto costituisce una preziosa opportunità, questo è un laboratorio estremamente importante. Infatti ogni trasformazione che riusciamo a compiere in una dimensione talmente densa costituisce una trasformazione che incide profondamente sul Tutto.

Viviamo in un mondo che appare tanto distante da Dio, dalla vaporosa ed apparentemente indeterminata Pura Luce, ma proprio per questo motivo disponiamo di un fantastico strumento di creazione. Ogni emozione, ogni sentimento, ogni cellula che riusciamo ad impregnare, a vitalizzare, attraverso l'infusione dell'Amore costituisce una grande festa.

Scoprire lo Spirito nella Materia, dissolvere i veli che separano le dimensioni e portare la dimensione dell'anima, la dimensione della consapevolezza dell'Unità, la dimensione dell'essere Uno, nella materia. Spiritualizzare la materia.

Così ci sarà una vita nel mondo fisico che non sarà più governata dalle leggi di questa dimensione, ma dalle leggi dell'Amore; infatti il corpo sarà talmente espanso da riuscire a contenere la consapevolezza delle dimensioni superiori, dove non c'è senso di separazione, dove l'altro è riconosciuto come me, dove quindi non vige la legge della giungla, bensì la legge dell'Amore.

Quindi non avremo più consumatori di altre forme di vita per sopravvivere, ma custodi. Non ci sarà sopraffazione, ma scambio. Tutto questo non è un sogno, non è un futuro da costruire. Tutto questo esiste già, già lo stiamo vivendo in un'altra dimensione: occorre solamente farlo scendere nella materia, incarnarlo.

Questa è la vera rivoluzione, l'unica vera trasformazione che possiamo portare alla vita. Il resto è girare in tondo.

Talvolta mi pare di essere un alchimista che tenta di trasformare il piombo in oro. E' proprio questo che in effetti sto tentando di compiere: non buttare la materia per aggrapparmi allo spirito, bensì fare emergere l'oro dal piombo, la dimensione spirituale dalla materia. Questo attraverso la fusione delle molteplici dimensioni.

Il laboratorio dove sto lavorando a questa alchimia è il mio corpo.

Un tempo mi sarei posto degli scrupoli per un lavoro tanto incentrato su me stesso, ora non più. Mi è sufficientemente chiaro che non esiste alcuna separazione, neppure in una dimensione che appare tanto frammentata come quella fisica. Non esiste reale separazione tra me ed una pietra che giace sotto un albero nella foresta del Borneo, tra me ed un carceriere che tortura le sue vittime in una qualunque prigione segreta.

Al contrario. Se volessi redimere il torturatore agendo su di lui, sarebbe un girare in tondo, senza portare un elemento di novità. Lui agisce secondo le regole della dimensione in cui ci troviamo, il mutamento avrà luogo nel momento in cui si cambieranno le leggi di questa dimensione. Questo può avvenire solamente attraverso la spiritualizzazione della materia. Basta intervenire su una piccola unità di materia e questa trasformazione si diffonderà istantaneamente a tutto il mondo esistente in questa dimensione, fino ai più lontani confini dell'universo. Infatti tutto è collegato, non esiste separazione effettiva.

Il mio corpo è la materia che ho più a portata di mano, costituisce il mio punto di contatto con questa dimensione. Compiendo l'alchimia su di esso, automaticamente tutta la materia verrà trasformata. Quando parlo di trasformazione, intendo proprio una mutazione a livello di cellule, di DNA, di patrimonio genetico, di leggi della materia, di atomi.

Tutto ciò è molto semplice: qualsiasi modificazione apporto al mio corpo, questa si riversa nel mondo.

Siamo cocreatori del mondo. Lo facciamo da sempre, il più delle volte inconsciamente. Siamo persuasi che il mondo sia sopruso e paura, i nostri corpi assimilano questi convincimenti ed il mondo si adegua: compaiono guerre, malattie, carceri. Aprendo il mondo fisico alla consapevolezza di dimensioni più espanse, portiamo nel corpo regole nuove ed il mondo si adegua. Nelle nostre mani, nei nostri corpi, abbiamo il potere di creare il mondo. Che lo si voglia o no, è così. Tanto vale accettarne la responsabilità e farlo in modo consapevole, scegliendo quale mondo vogliamo creare.

Non vorrei dare l'impressione di esprimere un giudizio morale sul mondo che abbiamo creato sinora, con tutte le guerre, le malattie, i cataclismi e tutte le piccole e grandi ingiustizie. No, non c'è male, non c'è peccato, non c'è colpa. Questo abbiamo creato, ce lo siamo goduto, da esso abbiamo imparato. La domanda ora è: Ci va ancora bene? Per me è giunta l'ora di crearmi una nuova realtà. Prima non potevo, cercavo ancora la soluzione nel girare intorno: -Questa volta sono stato sfortunato, la prossima andrà meglio-. -Sono stato umiliato, proverò ad umiliare-. -Sono infelice perché "loro" non mi capiscono-. Ora ho compreso che la soluzione sta nel trasformare, nel fondere le diverse dimensioni, nello scoprire il vero volto della materia e nel liberare la dimensione spirituale della materia.

* * *

Quanto nobile è quindi la dimensione fisica ed onore va a tutto ciò che in essa si muove, poiché ha scelto di esprimere Dio nel modo più visibile, anche se più difficile.

Se talvolta ci sembra di non riuscire, se facciamo fatica a vedere in noi od in altri il volto di Dio, cerchiamo di essere pazienti, ricordiamoci che stiamo compiendo un lavoro tanto glorioso quanto difficile: "La Gloria di Dio è l'Uomo Vivente".

OLTRE LA PERSONALITÀ

Non sono più io che vivo,

è Cristo che vive in me.[14]

Sono quasi solo nella grande sala in cui si sta svolgendo in questi giorni una sessione della School of Illumination di cui sono studente. Questa volta ci troviamo ad Assisi. Vengo sempre volentieri in questa cittadina umbra: il mio amore per san Francesco, ultimamente anche per santa Chiara, fa sì che giungere qui rappresenti per me quasi un tornare a casa.

E' l'ultimo giorno dell'anno, è da poco passato mezzogiorno e la quasi totalità dei compagni è a pranzo per festeggiare la fine dell'anno. Io non me la sentivo di unirmi al gruppo, una lieve inquietudine si

---

[14]   1 Gal 2,20

sta facendo strada dentro me, così ho deciso di tra-
scorrere il tempo della pausa in meditazione.

Sono seduto a terra, con le spalle appoggiate al
muro, nella parete di fronte a me si aprono numerose
finestre ad arco che mi permettono di vedere le verdi
colline che circondano Assisi. Tra una finestra e l'altra
sono appese immagini di vari maestri; san Francesco,
santa Chiara,... in particolar modo oggi mi colpisce
l'immagine che è appesa proprio in fronte a me, è
l'immagine di Sai Baba con una mano alzata come
per benedire. Non sono mai stato un fervente segua-
ce di Sai Baba, non amo la tendenza a divinizzare i
maestri, quasi a renderli fondamentalmente diversi
da noi, creando così un fossato insormontabile che ci
terrà a lungo nella condizione di discepoli. Oggi però,
la sua immagine ha su di me una forza particolare,
mette in movimento quello che serpeggia in profondità nel mio intimo e sono convinto che giocherà un
ruolo importante in tutto ciò che sta per accadere.

Io so cos'è l'amore incondizionato. E' come se il
mio essere ne portasse la memoria profondamente
impressa in sé, conosco quella sensazione di espansione silenziosa e profonda, quieta e totale, che,
quando la vivi, ti permette di vedere tutto con occhi
diversi, non c'è più rivalità, non c'è più gelosia, non
c'è più paura, solo pienezza, accoglienza, consapevolezza.

Proprio perché so cos'è l'amore incondizionato, mi riesce difficile accettare tutto ciò che non è in linea con esso e che in me è ancora presente: la gelosia, la dipendenza, la non accettazione totale degli altri, la paura,... Così oggi sono rimasto qui per meditare, per tentare di alleviare questo conflitto interiore, per mostrarlo a Dio. Ed è proprio quello che sto facendo.

Via via che la meditazione si fa più profonda il peso del conflitto si acuisce, la sensazione di non riuscire a trovare una via di uscita si fa lacerante: -Ci parli di amore incondizionato, Tu sei amore, solo l'amore esiste, non esiste nulla oltre l'amore, ma dov'è questo benedetto amore, io riesco solo a vivere l'invidia, la competizione, la paura.- Il dolore legato a queste riflessioni diviene sempre più profondo, urla silenziose emergono come dal centro di me stesso, lacrime amare solcano il mio viso. Mi sto confrontando con temi fondamentali della mia esistenza.

Sono sempre stato intimamente convinto della essenza libera e gioiosa dell'esistenza, del progetto d'amore per la creazione. Ma tutto questo non sembra realizzarsi, il mondo è costantemente intrappolato nelle sue lotte, il cuore degli uomini è costantemente soffocato da pesi che gli impediscono di vedere oltre ed anche io, nonostante tutti i miei sforzi, la mia ricerca, le ore passate in preghiera, mi trovo ancora così lontano dall'amore incondizionato. -Dio dove sei? Dov'è questo amore?- Le urla silenziose di-

vengono ancora più profonde, come se il disorientamento che le origina non fosse solo il mio, bensì quello del pianeta intero, le lacrime scendono senza vergogna.

Improvvisamente mi accorgo di non essere più solo. Sento distintamente la partecipazione, a quanto sto vivendo, di tutti gli alberi che rivestono le colline che ci circondano, è una esperienza molto chiara, non c'è possibilità di equivoco: tutti gli alberi, le colline stesse, stanno partecipando al mio travaglio. Sanno benissimo cosa sto vivendo e mi sostengono con enorme dolcezza.

Poi mi accorgo che la stanza si è fatta affollata, riesco a vedere tutti i miei compagni di corso che, pur essendo fisicamente a pranzo, sono qui con me, con la loro anima, e io riesco a sentirli, a vederli. Vedo anche una amica, mia moglie ed i miei figli, che fisicamente sono a centinaia di chilometri da qui, ma che con la loro anima sono con me.

Una nuova presenza assorbe ora tutta la mia attenzione: con gli occhi aperti vedo Cristo che si avvicina a me, si ferma a circa tre metri di distanza. Il suo corpo è essenzialmente luce dorata, non riesco, e neppure mi interessa, distinguere i particolari, tanto il suo corpo risplende. Ha le braccia spalancate in segno di accoglienza, i suoi contorni non sono definiti, *la sua essenza si irradia tutt'intorno. Mi dice due sole parole: "Sto arrivando." Poi scompare alla mia vista.*

Mi lascia una visione:

> *Il mio corpo è in piedi sulla terra, si dissolve e si mescola alla terra perdendo ogni individualità, non c'è più. Tutto ciò che resta di me è un liquido color oro che entra nella terra, ma che in essa non si perde, viene invece assorbito dalle radici dell'erba e delle piante.*

Al di là della personalità, al di là dell'ego, io sono, noi tutti siamo, l'essenza della vita, la consapevolezza che anima tutte le cose, la consapevolezza che anima ogni forma.

EPILOGO

Al di là del dove e del quando, al di là delle domande e delle risposte è l'Uno.

Un'indefinita, illimitata coscienza di pienezza, la Totalità nell'Unità. Nessun confine, nessuna separazione, solo completezza. Nulla esiste al di là dell'Uno. Ovunque si respira pienezza, pace, amore, illimitata espansione e reciproca fusione del Tutto con Sé stesso.

Una luce calda, intensa al di là del descrivibile, viva e palpitante di emozione.

Lentamente cominciano a distinguersi figure vagamente umane, più che corpi sono idee di esseri. Pur avendo una loro identità non paiono separate dal Tutto in cui si muovono ed i loro contorni non sembrano netti, come se un continuo scambio avvenisse tra loro e la luce che li circonda: sono essenzialmente luce individualizzata da coscienza.

Alcuni visi paiono familiari, stento a comprendere. Ma certo, quella luce sono proprio io, non che abbia il mio stesso volto, ma sento che sono io e quest'altra sei tu, si proprio tu che stai leggendo; poi le altre, tutte persone che conosco, che ora scopro aver conosciuto molto più profondamente di quanto la mia mente ricordasse.

Non è la fine dei tempi. Siamo al di là del tempo. Al di là del prima e del dopo.

Si fa strada in me la sicurezza di non essermi mai allontanato da qui. Durante tutti i secoli trascorsi nella materia, nell'illusione della separazione, nel freddo della paura e della solitudine, io non mi sono mai allontanato da qui. Un qui che non è un luogo bensì una condizione.

Se una parte della mia coscienza ha accettato di vivere l'esperienza del limite, il mio profondo me è sempre rimasto unito all'Uno, consapevole dell'unità indissolubile del Tutto.

Per la parte di me che ora sta sperimentando la condizione di essere umano non è impossibile connettersi con il mio profondo me, con la consapevolezza del Tutto, questa infatti non si trova in un quando ed in un dove, bensì in un come, in un diverso stato di coscienza a cui ognuno di noi può accedere anche durante l'esistenza terrena.

Questo significa portare il Paradiso in Terra.

Stiamo sperimentando la condizione del limite, la personalità, e contemporaneamente in noi vive la consapevolezza del Tutto, la coscienza cristica, l'essere Cristo.

CARO LETTORE

Caro lettore, desidero accomiatarmi da te dicendoti che mi sei caro, che ti voglio bene. Mi commuove essere testimone della passione con cui percorri la strada verso casa. Continua, fallo per te, per me, per tutti. Ad ogni passo che compi, Casa è più vicina per tutti noi. Sei una bella persona.

Con affetto e stima

Tu

INDICE GENERALE

PROLOGO   7

IL BISOGNO DI ESSERE RICONOSCIUTI   14

L'ILLUSIONE DELLA LIBERTÀ   23

LA MALATTIA 42

LIBERTÀ DAL POSSESSO   55

LIBERI DI AMARE   63

LIBERI DI ESSERE SE STESSI   83

FINO NELLE CELLULE   103

OLTRE LA PERSONALITÀ 117

EPILOGO   122

CARO LETTORE   125

L'autore organizza momenti di ritiro per approfondire i temi trattati in questo libro.

Maggiori informazioni sulla sua pagina Facebook: Frank Metzger

www.ingramcontent.com/pod-product-compliance
Lightning Source LLC
Chambersburg PA
CBHW060400290526
45791CB00002B/569